KB147490

축생도

逐生道

문학사계

나의 시(詩) 중에는 「기원(棋院)에서」라는 시가 있다.

"바둑이란 무엇입니까? / 인생을 살펴가는 것이다.
인생이란 무엇입니까? / 정석(定石)을 놓아가는 것이다.
정석이란 무엇입니까? / 인지당행지도(人之當行之道)니라.
도(道)란 무엇입니까? / 시(詩)와 같은 것이다.
시란 무엇입니까? / 죽은 수를 찾는 것이다.
바둑을 어떻게 두어야 합니까? / 잘못된 인연은 단념해야 한다.
왜 단념해야 합니까? / 인정에 이끌리면 갇히어 죽는다.
죽는다는 것은 무엇입니까? / 무(無)다.
무는 무엇입니까? / 유(有)다.
유(有)와 무(無)는 무엇입니까? / 있다가도 없는 바둑판이다.
바둑판은 무엇입니까? / 인생이다.
인생이란 무엇입니까? / 정석(定石)다."

문재인 정부는 이 정석을 몰랐다.
바둑의 정석도 모른 채 국사(國事)라는 바둑을 두어온 셈이다. 정치 경제 교육 국방 외교 문화 사회 등 어느 한 군데 성한 곳 없이 지리멸렬하게 뒤틀린 채 축(逐)으로 몰린 게 문제 중의 문제다.

축으로 물리면 그 즉시 손을 떼고 다른 곳을 새로 개척하는 게 정석인데, 측근에서는 아무도 말해주는 이가 없었던 모양이다.

이것을 자승자박이라고 한다. 이미 축으로 몰린 상태인데도 반성할 줄도 모른다. 그래서 사람들은 이 정부를 가리켜 내로남불 정부라고 비아냥거린다.

그런데 비록 일부이기는 해도 양심 있는 국민이라면 어떻게 비양심적인 조국 법무부장관을 비호하겠다고 검찰청 앞에서 그토록 농성을 벌이는가. 보통상식으로는 이해하지 못할 것이다.

이 책은 축(逐)으로 몰린 문재인 정부의 자초지종을 명쾌하게 밝히고 있다. 광화문 집회와 법원 검찰청 집회, 그 이질적인 난류와 한류를 속이 시원하게 파헤치고 있다. 미래가 걱정되는 대한민국 국민은 이 책을 반드시 읽으시기 바란다.

호랑이에게 물려가도 제정신을 차리면 산다는 말이 있다. 이 책은 바로 그 제정신을 차리게 하는 책이다. 대한민국 국민이 제정신을 차려야 나라가 살고 내가 살 수 있기 때문이다.

단제기원(檀帝紀元) 4352년, 서력기원(西曆紀元) 2019년 12월 16일
하남초사(河南草舍)에서 황송문(黃松文) 적음

차례

자서

무궁화 진딧물

우리 겨레가 위기에 직면할 때마다 단제(단군)가 대두되곤 하였다. 단제왕검(檀帝王儉)은 우리 민족의 정체성을 확인케 하고, 동질성을 공감케 하는 신화와 역사의 기원이기 때문이다. 우리는 단제성조(檀帝聖祖)를 중심으로 모이고 숭앙하여 민족공동체 의식을 확립하며 나아가 민족정체성을 되찾아야 하겠다.

여기에서는 단군(檀君)을 단제(檀帝)로 표기하고 있는데, 이는 단제숭모회 회장으로 있는 최강현(崔康賢) 교수의 지론에 동의하여 표기한 것이다. 최강현 교수는 「단군(檀君)과 단제(檀帝)」(『문학사계』56호, 2015. 12. 1)에서 다음과 같은 글을 남겼다.

"우리나라의 할아버지를 '단군(檀君, 壇君)'이라고 기록한 가장 오래된 문헌이 고려 충렬왕 때의 유학자 이승휴(李承休)공의 『제왕운기(帝王韻紀)』와 스님 일연(一然)의 『삼국유사(三國遺事)』입니다. 그 책의 내용을 지금의 우리들이 이해하려면, 이 책들이 집필될 당시의 고려 사회를 알아야 합니다. 당시 고려는 원(元)나라의 사위 나라가 되어 사사건건 지배를 받는 과정에서 교양 있는 학자와 스님, 고려 국민 자체가 몽고인(蒙古人)이 될 위기의식에서 고려국 조상부터 하느님 자손(天孫族)임을 강조하여 국민 계몽을 하려고 저술한 책이라는 것을 알게 되면 이해가 빠를 것입니다."

"우리나라가 선조들의 지혜를 찾아볼 수 없을 정도로 지리멸렬해 있다"는 필자의 말에 최강현 교수는 대뜸 역사교육의 부재에 있다고 답했다.

"우리 겨레가 세계에서 살아남으려면 훌륭하신 조상을 바로 아는 뿌리교육을 우선해야 합니다. 우리 조상의 뿌리교육을 제대로 하면, 지금의 중공 땅에 살았던 먼 옛날 원 토박이들은 우리 조상 '동이족(東夷族)'이라는 사실이 드러납니다.…'단군'이라는 낮춤말이 태어난 자초지종을 생각할 때에 우리 겨레의 자존심을 지키기 위해서는 먼저 '단제(檀帝)'로 우리 국조의 격을 높이는 일이 급선무라 하겠습니다."

그 가능성을 타진하기 위해서 역사평론가 이덕일 박사에게 "일제의 식민사관, 자학사관이 판을 치는 학계 일각의 균형 잃은 시각이 청소년 학생들의 역사적 정체성 혼란을 부추기는 불상사가 이어지고 있다"고 하면서, 어떤 해법이 있을지 그 가능성을 타진하자 그는 다음과 같이 답변했다.

"우리 역사는 그동안에 이웃 국가들의 침략을 계속 당해왔습니다. 그런데 거기에는 우리 내부의 문제도 있었지요. 역사에서 중요한 게 사관인데, 우리는 해방 후에 극복된 부분도 있지만, 근본적으로 아직 극복되지 못한 두 사관이 있습니다.

그게 뭐냐 하면 조선 후기에 노론당파 시각으로 보는 노론사관과 일제 때의 식민사관으로 볼 수 있습니다. 아직까지도 극복이 되어있지 않은 사관이지요.

노론사관은 극도의 중화사대주의 사관인데, 이건 중국인의 시각으로 우리를 바라보는 역사관이고, 그 다음 일제 식민사관이라는 것은 일본인의 시각으로 우리를 바라보는 역사관입니다.

우리가 과거에는 그런 시각으로 볼 수 있었는지 모르지만, 우리 대한민국이 세계10대 교역국으로 성장한 마당에 타인의 시각, 중국인의 시각과 일본인의 시각으로 우리를 바라보는 데는 문제가 있다고 봅니다. 우리의 시각으로 우리의 역사를 바라볼 때가 되지 않았느냐 하는 생각이지요. 이건 너무 늦었지요. 조선 후기 노론사관, 일제 식민사관에 대해서 지속적으로 문제를 제시하는 것이지요. 그러니까 결론은 소박한 것입니다. 결국 우리의 시각으로 우리 역사를 다시금 재구성해서 일반 학교 교육이라든지, 일반 국민들에 상식적인 평범한 역사관으로 삼아야겠다고 하는 것인데, 그렇다고 해서 우리 역사는 반성할 부분이 없는 게 아니지요. 반성할 부분은 철저히 반성해서 다시는 잘못된 것들이 재연되지 않게 해야 되고, 계승해야 될 부분은 우리가 계승해가지고 더욱 발전시키자는 그런 얘기지요."

우리 사회의 차세대 주역들이 균형 잡힌 역사관을 가질 수 있도록 사실관계의 오류를 배제한 공정한 교과서를 최우선적으로 확보해야 하지 않겠느냐고 하니까, 그는 다음과 같이 말했다.

"역사라는 분야는 다른 분야와 달라서 종합적인 통찰을 중요시하지요. 역사는 전체를 통찰한다는 점에서 어떤 가치가 있느냐 하면, 각 부문사, 분야사로 보게 되면 그 속에 빠져가지고 큰 틀을 못 보는 수가 있는데, 역사를 큰 틀에서 보기 위해서는 두 가지 도구가 필요합니다. 하나는 현미경이고, 하나는 망원경이죠.

망원경으로 큰 틀을 조망하고, 그 다음에 현미경으로 깊숙이 들어갔을 때 올바른 역사 서술이 된다고 생각하는데, 현미경으로만 보다보면 현상에 매몰될 수가 있습니다.

사회에서 현상이 발생하는 뿌리를 캐어보면 상당히 깊은 데까지 연관이 되어있는데, 깊은 뿌리는 보지 않고 드러난 현상만을 바라보게 되면 갈등만 증폭되고 싸움만 증폭되는데, 역사학에서는 뿌리까지 살펴보자고 합니다."

그는 이어서 말했다. "나라는 해방되었지만, 역사관은 일제 식민시대의 역사관을 그대로 이었어요. 대한민국이 이만큼 성장한 상황에서 아직까지도 일제 식민사관과 조선 후기 노론사관을 우리의 주류 사관으로 계속 가지고 갈 것이냐 하는 심각한 문제 제기가 있어야 되겠습니다.

이제는 역사학뿐만 아니라 국어학도 마찬가지이고, 여러 분야에 파고들어가 보면 일제 때의 상처가 학문 각 분야에 깊게 각인

되어 있는데, 이제는 종합적으로 검토해야 합니다.…일본을 추종한 그 사람들은 실증을 말하지만 자기들이 불리하면 실증 자체를 거부합니다.

중국 고대의 사료를 보면 패수가 왕검성을 흐르는 강인데, '수경주(水經注)'라는 중국 고대 지리서가 있는데, 거기에 보면 패수는 왕검성을 끼고 동쪽으로 흘러서 바다로 간다고 되어 있습니다. 이 식민사학자들의 머릿속에는 이 패수를 대동강이나 청천강으로 보거든요. 대동강이나 청천강은 서쪽으로 흘러서 바다로 가지요.

그러다 보니까 분명히 동쪽으로 흘러서 바다로 간다고 되어 있는 것을 이거는 '西字를 東字로 잘못 쓴 것'이다. 자기네가 이렇게 실증을 이야기하면 분명히 '수경주'라는 고대 중국 역사 지리서에 동쪽으로 흘러서 바다로 간다고 했으면, '아, 우리가 생각하고 있는 패수가 대동강이나 청천강이 아니라 요동이라든지 만주 서쪽에 있겠구나.' 하고 사료에 맞추어야 하는데, 자기의 생각대로 바꾸어버리는 거지요.

이병도 씨 같은 분을 보면 이분은 평생 살아오는 동안에 일제 식민사관이 틀릴 수도 있다는 생각을 안 해보고 살아온 것입니다. 학자로서는 불행한 거죠. 이병도씨가 역사공부를 시작할 때부터 일본 사람에게서 배웠고, 계속해서 일본 사람 밑에서 공부해왔고, 그게 마치 근대학문으로 알고 공부했습니다.

학문적인 근거를 제시했으면 학문적인 근거를 제시해서 근거 대 근거로 결론을 내리면 되는데, 그렇게 하지 않고 다른 이야기로 사람을 공격하며 권위를 내세우는 식으로 지금까지 이어왔는데, 이제는 세상이 달라졌습니다.…문제는 자기의 잘못된 정설이라는 것을 유지하기 위해서 다른 이야기를 하는 사람을 계속 죽이고, 자기네 학문 권력을 유지해 왔던 것이 통하리라고 생각하는 시대착오적인 발상이 문제인 거죠.

개인의 가치를 우선시하면서도 우리 공동체의 모습은 어떠해야 되고, 공동체가 어떤 점을 계승 발전해 나갈 것인가. 이러한 고민을 담은 역사교과서, 그리고 특히 조선 후기의 노론사관이라든지 일제 식민사관이라든지, 우리를 비하하는 그런 사관의 틀을 배격하고 거부하는 가운데서 새로운 역사관에 의해서 서술된 역사교과서로 교육을 해야 되지 않을까 생각합니다.

우리나라 현행 교육의 가장 큰 문제는 철학의 부재에서 오는 것이지요.…옛날 우리 선현들이 말씀하신 교육의 목표는 성인이 되는 게 교육의 목표였는데, 지금은 어릴 때부터, 갓난아기 때부터 영어 열심히 해가지고, 그 사회에서 잘 먹고 잘 사는 사람이 되기 위한 거 아닙니까?

우리나라는 역사를 각 정파에서 자기네에 유리한 쪽으로 가져가려고 하니까 큰 문제가 되는 건데, 역사는 사실 그런 부분을 초월해야 되는 겁니다. 우파적 역사관이 문제가 되니까 좌파적 역사관으로 가자거나 좌파적 역사관이 문제가 되니까 우파적 역사관으로 가자고 해서는 안 된다는 이야기죠. 역사라는 것은 종합적일 수밖에 없는 거고, 한 사회 속에 일어났던 모든 일들을, 핵심사항들을 다 적을 수밖에 없는 건데 이 부분들은 많은 갈등 요소가 있는데, 제가 바라볼 때는 이런 이야기죠. 대한민국의 국시가 뭐냐 하고 물어볼 필요가 있습니다."

지금까지 거론한 단제(檀帝)를 위시한 역사문제는 앞으로 전개하고자 하는 이 글의 전제로 깔아두기 위한 것이다. 이제부터는 최근에 벌어지고 있는 우리나라 정치 사회문제를 살펴보고자 한다. 아래의 글은 지난 2019년 9월 6일 밤 국회의사당에서 열린 조국 인사청문회에서 질문하는 김진태 의원과 답변하는 조국 법무부장관 후보자의 발언 내용이다. 여기에서 주목되는 점은 '사노맹(남한사회주의노동자동맹)'에 관한 문제라 하겠다.

　"대한민국이 자유민주주의 국가가 맞습니까?"
　"네, 그렇습니다."
　"조국 후보자는 '사노맹'에서 사상전향을 했습니까?"
　"…지금 대한민국 헌법을 준수합니다."
　"옛날에 사노맹 사회주의자였습니까?"
　"한국의 자본주의 모순을 해결하기 위해서 사회주의가 필요하다는 생각을 갖고 있었습니다."
　"옛날에 사회주의자였다. 또 그런 사회주의 정책이 필요하다. 그런데 지금 우리 대한민국의 자유민주주의 헌법을 존중한다?"
　"대한민국 헌법의 틀 안에서 사회주의 정책이 필요하다는 데에는 변함이 없습니다."
　"그래서 내가 묻는 겁니다. 전향을 했습니까?"
　"전향이라는 단어 자체가 갖고 있는 낙인적 효과가 있기 때문에 답을 드리지 않는 게 맞는 것 같습니다."
　"그러면 전향을 하지 않는다는 말입니까?"

"전향을 한다 하지 않는다는 질문 자체에 대해서 답을 드리지 않는 것이지….."

"제가 지금 묻는 겁니다."

"답을 드리지 않아야 한다고 생각합니다."

"전향을 했느냐고 묻는 데도 답변을 회피하고 있다고 봐도 되겠습니까?"

"대한민국 헌법을 준수해 왔고, 앞으로도 준수할 것이라고 말씀드리는 것입니다. 과거에 제가 사노맹(남한사회주의노동자연맹)에 관련된 것은 사실입니다만, 대한민국 헌법을 존중한다는 것을 강조하고 싶습니다."

"사회주의자였다는 것을 시인했지요?"

"사회주의 사상이 대한민국 헌법에 필요하다는 것을 말씀드립니다."

"그렇게 돌려서 말할 필요는 없고요, 사회주의자였다는 것은 확실하지 않습니까? 법무부장관이 되겠다고 하는 분이 대법원 확정판결에 의해서 사회주의 사상에 의한 사노맹 이적단체로 확정된 것을 인정하지 않는다는 말입니까?"

"그 시기의 판결을 존중합니다."

"과거에는 사회주의자였고, 지금은 전향하지 않은 채 대한민국 자유민주주의 헌법을 존중한다고 하지만, 이것은 양립할 수 없는 것입니다."

"모순되지 않는다고 생각합니다."

"사회주의를 포기해야 자유민주주의 체제로 올 수 있는 거예요. 사회주의 이념을 그대로지닌 채 자유민주주의 시장경제를 인정한다고 말할 수 있습니까?"

"경제민주화, 토지공개념 등은 사회주의 정책의 하나입니다."

"옛날엔 사회주의자라 하고, 사상 전향에 대해서는 답변할 수 없다? 이런 사상은요 공개적이고 명시적으로 전향을 해야 되는 겁니다. 그래도 이게 정말 믿을 수 있느냐 없느냐 하는 문제입니다. 거기에는 반성과 참회가 따라야 합니다. 또 뼈를 깎는 고통이 있어야 합니다. 대한민국의 법무부장관은 커녕 대한민국 국민의 자격도 없다고 생각합니다."

사회주의를 포기해야 자유 대한민국의 국민이 된다

'사노맹'은 1989년부터 진보적인 노동자정당 건설, 사회주의적 제도로의 변혁을 목적으로 활동한 단체다. 1991년 전후로 민중무장봉기에 의한 사회주의 국가건설을 목표로 결성했다. 국가안전기획부는 1991년부터 1992년에 걸쳐 주동자와 관계인원 300여 명을 구속 기소했고, 1993년까지 재판에 붙였다. 이들의 총 구형량은 500년으로, 해방 이후 최대의 조직사건으로 평가되었다.

조선일보 디지털편집국이 입수한 조 후보자의 국가보안법 위반 항소심·상고심 사건 판결문을 보면, 조 후보자는 1990년부터 1993년까지 '사노맹'의 이론적 토대를 마련하는 연구단체인 '남한사회과학원(사과원)'에 가입해 이적 표현물을 제작, 판매하는 행위에 가담한 사실이 인정됐다. 당시 '최선생' '고선생' '정성민' 등의 가명(假名)으로 활동했다. 사과원에 대해 재판부는

"단순한 사회주의 이론에 관한 학술·연구단체가 아니라 반제·반독점 민중민주주의 혁명을 통한 노동자계급 주도의 사회주의 국가건설을 주장하는 정치적 단체로, 국가보안법상 이적단체"라고 했다.

조 후보자는 1990년 '사과원'의 기관지 편집을 도왔다. 이때부터 '사과원' 운영위원회에 참석해 기관지인 '우리사상' 창간호 발행에 참여했다. 그해 11월 2000부를 제작·판매한 '우리사상' 창간호에는 다음과 같은 글이 실려 있다.

"가혹한 탄압을 뚫고 진군에 진군을 거듭한 남한노동자계급과 '노동해방' 혁명진영의 투쟁론과 자본가계급에 대한 적대의식 그리고 투쟁력은 개방주의적 세력의 도전을 봉쇄하고 노동해방 혁명과 노동자계급의 굳건한 결합을 이루어낼 유력한 무기라는 것은 부정할 수 없는 현실이다. '혁명적 노동해방'의 가치를 대중화하기 위해 남한 사회주의자는 다음과 같이 싸워야 한다.

첫째, '노동해방' 주의의 권력을 더욱 굳건하게 수호하고 강화시킨다.

둘째, 다양한 상태로 존재하며 투쟁하는 대중의 구체적 조건에 정확히 결합하여 광범한 대중들 속에 노동해방주의의 기치의 전파를 이루어낸다.

셋째, '노동해방' 혁명진영 간의 공동사업을 지역, 전국단위에서 전면적으로 확대한다.

넷째, 국가보안법, 사회안전법 등 '혁명적 노동해방' 사상의 전파와 활동의 자유를 금지하는 제반 악법에 대한 철폐투쟁을 조직화한다."

반성과 참회의 전향 없이 떳떳한 국민이 될 수 없다

조 후보자는 그해 7월 '사과원' 운영위원들로부터 강령연구실장 겸 운영위원을 맡아 달라는 제의를 받고 이를 승낙했다. 이후 '사과원' 운영위원회에 참석해『우리사상』창간호 평가와 함께 다음 2호 발간 문제를 논의했다. 재판부는 판결문에서 "국가의 존립 안전이나 자유민주적 기본질서를 위태롭게 한다는 점을 알면서 반국가단체인 '남한사회주의노동자동맹' 활동에 동조할 목적으로 구성된 '남한사회과학원'에 가입했다."고 했다.

사회주의 노동자 정당은 반미·민족해방 혁명을 통한 사회주의로의 이행을 자신의 전략으로 삼는 정당이다. 남한사회에서의 혁명은 무장봉기에 대한 고려 없이 승리를 기약할 수 없다고 했다. 조 후보자가 본격적으로 참여해 만든 '우리사상' 제2호에는 사회주의 노동자 정당의 임무로 첫째, 노동계급의 의식화, 둘째, 노동자계급의 조직화, 셋째, 노동자계급의 동맹세력 획득, 넷째, 혁명적 정치투쟁의 지도, 다섯째, 국제사회주의 진영과의 연대 등을 제시했다.

1995년 대법원 재판부는 조 후보자와 검찰의 상고를 모두 기각하며 원심을 확정했다. 재판부는 "피고인 조국이 사회주의 국가건설을 목적으로 하는 '사노맹' 활동에 동조하는 이적단체인

'사과원'에 가입하고 그 설립목적과 주장이 담긴 표현물을 제작, 판매한 행위는 헌법이 보장한 양심·사상의 자유, 표현의 자유, 결사의 자유의 범위에 속하는 것으로 볼 수 없다."고 판시했다.

국가전복을 꿈꾼 사회주의자가 법무부장관이 되다니

황교안 자유한국당 대표는 "국가전복을 꿈꾸던 사람이 법무부장관에 기용될 수 있겠느냐."고 말했다. 또한 한국당은 조 후보자가 국가보안법 위반으로 처벌받은 전력을 강조하고 있다.

사노맹사건의 1·2·3심 법원 판례문을 통해 황 대표 발언을 체크했다. 판결은 모두 김영삼 정부 때 일이다. 판결문을 보면 1·2·3심 모두 '사노맹'을 "국가의 존립·안전을 위태롭게 하거나 헌법의 대전제인 자유민주적 기본질서를 파괴하려는 단체로서 국가보안법 제2조 제1항 소정의 국가변란을 목적으로 하는 반국가단체에 해당한다."고 판시했다.

"비합법적 선전선동 활동을 통해 노동자계급의 통일전선을 구축하여 국가권력을 장악하는 사회주의 혁명으로 민중민주공화국을 수립할 것을 목표로 하는 노동자계급의 전위조직임을 표방했기 때문"이라는 설명을 덧붙였다. 그리고 "(사과원은) 반제반독재민중민주주의 혁명을 통한 노동자계급 주도의 사회주의 국가건설을 주장하는 정치단체로서 우리 헌법상 민주적 기본질서와는 서로 용납되지 아니하는 것이라 할 것이므로 이적단체"라고 했다.

국가보안법에 따르면 국가의 변란 자체를 직접적이고도 1차적인 목적으로 삼으면 반국가단체, 반국가단체의 활동에 동조하는 게 목적이면 이적단체다. 목적은 동일하나, 직접적이냐 간접적이냐에 따라 나뉘는 셈이다.

2심판결문엔 "(조 후보자가) 사과원이 사노맹의 활동에 동조할 목적을 가진 단체라는 사실을 확인하고서도, 반국가단체인 사노맹의 활동에 동조할 목적으로 사과원에 가입했다."는 표현이 여러 차례 나온다.

"사노맹은 무장공비에 의한 사회주의혁명 달성을 목표로 폭발물을 만들고, 무기탈취 계획을 세우며, 자살용 독극물 캡슐까지 만들었다."는 황 대표의 주장은 당시 안기부가 1990년 10월 30일 발표한 내용에 들어있는 것으로, 판결문엔 적시되지 않았다. 조국의 양형은 그대로 징역 1년 집행유예 2년. 1999년 김대중 정부로부터 사면·복권됐다.

이러한 과거의 행적에도 불구하고 법무부장관에 오른 것을 보면 전향한 것으로 여겨왔는데, 국회 청문회에서는 끝내 사상 전향을 하지 않은 것으로 드러났다. "흰 개꼬리는 3년 묻었다 꺼내어도 역시 흰 개꼬리"라는 말이 있다. 문재인 대통령과 조국 민정수석이 청와대에 들어서면서부터 나라 살림이 왜 자꾸만 사회주의 방식으로 흘러가는가 하고 이상하게 여겨왔는데, 이제 그 의문이 풀렸다.

그동안 조국 수석은 자유민주주의 대한민국이라는 품속에서 사회주의 사상으로 살아온 것이다. 그래서 나라야 어찌 되건 탈원전정책을 고수했고, 노동자만 옹호하는 정책을 펴 왔으며, 공무원 숫자를 늘리면서 큰 정부를 지향해 왔다. 과거 이승만 박정희 맥아더를 말살하고, 반미 반일과 종북 친중으로 돌아섰다. 그래왔기 때문에 목숨 걸고 탈출한 탈북민을 박대하고, 인권사각지대에서 신음하는 북한동포를 외면해 왔던 것이다.

인권이란 세계인류가 모두 공평하게 누려야 할 보편적 가치다. 이 보편적 가치를 외면하는 것은 그릇된 이념이 인성을 가리기 때문이다. 인간 본성이 가려지는 문제가 생긴 것이다. 자유민주주의 체제인 대한민국에 살면서 생각은 사회주의에 있는 게 문제다.

사회주의(社會主義)란 자본주의의 모순을 해소하고 생산수단을 사회적으로 공유하는 사회체제를 통해 모든 사람이 평등하게 사는 사회를 실현하려는 사상 내지 운동을 말한다. 이는 크게 보면 공산주의와 다를 게 없다. 공산주의에 허점이 있듯이 사회주의도 역시 허점이 있다. 그것은 에두아르트 베른슈타인이 지적한 바와 같이 장밋빛 전망과 예언이다.

자유민주주의 둥지에서 사회주의를 하려 하다니

자본주의(資本主義)는 바로 자유주의다. 사회주의를 철학적으로는 마르크스주의에서 자본주의 사회로, 다시 공산주의 사회로 옮겨가는 공산주의의 제1단계라고 한다. 그러나 자분주의 사회에서 공산주의 사회로 이행하기는 고사하고 오히려 자본주의와의 대결에서 공산주의가 망했다. 중국이 존재하는 것도 자본주의 시장경제 방식을 활용했기 때문이다.

베른슈타인은 자본주의 발전 진로에 대한 숙명론적 관념, 기존 이론의 과학성에 대한 맹목적인 추종을 끊임없이 비판했고, 민족 간에 자유로운 교통이 이루어지는 평화로운 세계체제를 바랐다. 또한 사회주의의 혁명적 실천보다는 자본주의 내에서의 개혁적 실천을 옹호하는 입장에서 수정주의의 확산에도 기여했다.

이런 사회주의 이론은 신사적이다. 그러나 북한처럼 김일성 주체사상을 기반으로 한 무신론 종교사상 체제라든지, 남한의 종북 친중 좌파 사회주의에는 베른슈타인 이론이 먹혀들 수 없다. 그들은 마치 비둘기 둥지에 알을 낳는 뻐꾸기처럼, 자유민주주의 사회에 둥지를 틀고 종국에는 자기들끼리만 둥지를 차지하겠다는 해괴한 욕망을 키워간다.

그러나 그런 사회주의 꿈은 헛꿈이 되고 만다. 그 이론 속에 모순이 내재해 있기 때문이다. 그 모순이란 베른슈타인이 논한 것처럼, "장밋빛 전망과 예언"이라는 모순된 철학이다. 마치 보자기로 구름을 잡으려는 듯한 환상언어는 문재인 대통령의 입을 통해서도 흘러나온다. 그는 "남북한 간 경제협력으로 평화경제가 실현된다면 단숨에 일본경제의 우위를 따라 잡을 수 있다."고 말했다.

공산주의, 공산권이 이런 식의 환상을 쫓아가다가 모두 망했다. 역사적으로 이미 실패한 길을 문재인 정부는 눈 감고, 귀 막은 채 고집스럽게도 뒤따라가고 있는 형국이다. 문재인 정부는 왜 '자유'를 삭제하지 못해서 안달일까? '자유'가 가장 강한 무기가 되기 때문이다.

'자유'와 '평등'은 다 소중하다. 그런데 그 둘 중에서 더욱 중요한 선행본질은 무엇일까? 이는 두 말할 나위 없이 '자유'다. 자유는 인간이 태어날 때부터 타고난 천부적 본성이기 때문이다. 여기에서 사랑과 생명이 나오고, 인의예지(仁義禮智)가 비롯된다. 자유민주주의 시장경제도 이 '자유'라는 본성의 욕구에서 비롯되었다. 그리고 '평등'은 사람이 살아가면서 필요한 사회 참여적 덕목이다. 그러나 그것은 인간 본성인 '자유'를 넘어설 수 없다. 사회주의가 자유민주주의를 넘어설 수 없는 것도 여기에 근거한다.

자유민주주의는 종교와도 깊은 관련이 있다. 1919년 3.1만세운동도, 1945년 8.15해방도, 1950년 6.25도, 미국을 비롯한 유엔군(16개국) 참전도 상세히 들여다보면 신의 가호가 있었음을 알 수 있다. 대한민국을 침략한 북한과 소련, 중국은 신을 부정한 유물론(무신론) 사상 체제 집단이다. 결국은 대한민국과 조선민주주의인민공화국의 대결은 신을 인정하는 자유민주주의 체제와 신을 부정하는 공산주의(또는 변형된 김일성주체사상) 체제의 대결인 셈이다.

지금은 신을 부정하는 쪽의 종북 친중 좌파 진딧물들이 친미 친일 자유민주주의 무궁화(木槿)를 갉아먹어 들어가는 형국이다. 청와대에서도, 국회에서도, 법원에서도, 교육부애서도, 언론계에서도, 문화 예술계에서도, 심지어 종교계에서까지도 대한민국 무궁화를 살아남지 못하게 하는 진딧물들이 암약하고 있다.

무궁화 진딧물이 과거에는 숨어서 암약했는데, 김대중, 노무현, 문재인 정부가 들어서면서부터는 합법적으로 당당하게 마치 점령군처럼 득세하는 세상이 되었다. 광화문 촛불집회에서도 이석기를 석방하라는 소리가 나오고, 글짓기 대회에서 북한 김정은을 찬양해도 잡아가기는커녕 상을 주는 세상이 되었다. 불교계에서는 나라 전복을 작당하다 감옥살이를 하는 이석기에게 평화상을 주었다니 나라가 제정신이 아닌 것이다.

요즘은 조국 법무장관이 미전향 사회주의자라는 게 마음에 걸린다. 그는 '사노맹'에 관련하여 벌을 받았으면서도 끝내 전향을 하지 않고 있기 때문이다. 이것은 법의 문제에만 국한되지 않는다. 양심의 문제가 법의 문제 위에 있기 때문이다. 잘못을 저질렀으면 뉘우치고 반성하며 전향해야 옳다.

그러나 전향하지 않으면 문제가 발생한다. 자유민주주의와 사회주의, 자유사상과 평등사상이 충돌할 수 있기 때문이다. 문재인정부가 들어선 후 마치 후진기어를 넣고 전진하려고 액셀러레이터를 밟는 것처럼, 도무지 어느 하나 제대로 되는 일이 없는 것은 이 두 요소가 상호 충돌하기 때문이다.

국가의 존립·안전을 위태롭게 하거나 헌법의 대전제인 자유민주주의적 기본질서를 파괴하려는 단체로서 국가보안법 제2조 1항, 소정의 국가 반란을 목적으로 하는 반국가단체에 해당하는 '사노맹'을 도와 '사과원' 활동을 했기 때문에 마땅히 전향하는 게 옳다. 그가 전향하지 않은 채 사회주의 활동을 하게 된다면 돌이킬 수 없는 문제가 발생할 수 있기 때문이다.

토지공개념도 뜨거운 감자로 부상할 공산이 크다

그가 중요시하는 토지공개념 문제도 문재인 정부의 헌법개정안과 관련해 정치권을 비롯하여 국민의 뜨거운 감자로 부상할 공산이 크다. 자본주의 경제체제에서는 소유권이 침해받지 않아야 한다는 것을 전제로 하기 때문에 충돌하기 마련이다. 또한 토지공개념이 부의 균등을 가져온다는 보장도 없다. 정부가 토지공개념을 급진적으로 추진하는 것을 우려하면서 사회주의로 나아가기 위한 초석을 닦는 게 아닌가 하고 의심하는 사람도 있다.

대통령 임기 5년 동안에 나라를 송두리째 뽑아 바꾸겠다는 처사는 바람직하지 않다. 종래의 작은 정부를 표방하던 자유민주주의 시장경제 방식과는 달리 큰 정부로 비대하게 키우면서 나라 빚까지 내어 쓰는 사회주의 방식에는 무리가 따르게 마련이다. 그래서 국민들은 나라 걱정을 하고 있다. 도대체 경제나 국방이나 외교나 무엇을 믿고 저러는지 모르겠다고 말한다.

김대중 대통령은 조국을 사면했다. 전교조는 교과서를 주사파가 주장하는 쪽으로 바꿔가고 있다. 종교계(4대종교)에서는 이석기 석방하라고 탄원서를 내더니, 조계사에서는 감옥에 갇혀 있는 이석기에게 평화상을 주는 등 승려도 신부도 목사도 해괴한 진딧물이 되어 무궁화를 못살게 갉아먹고 있는 형국이다.

애국가보다는 '임을 위한 행진곡'을 선호하는 진딧물들, 이승만 박정희 맥아더를 증오하고, 김일성 김정은 김원봉을 선호하는 진딧물들, 재벌 자본가 기업가를 미워하고, 노동자 데모꾼들을 선호하는 진딧물들, 원자력발전소를 시들게 하고 석탄으로 공해를 일으키게 하는 진딧물들, 학문을 헌 신짝처럼 버리면서 장관자리 차지하겠다고 청와대 기웃거리며 아첨하는 대학교수 진딧물들이 무궁화를 고사시키고 있다.

여기에서 잠시 생각을 정리할 필요가 있겠다. 요즘은 여건 야건 나라가 야단법석이다. 법에 저촉되느니 저촉되지 않느니 하는데, 사람 사는 문제에 있어서 법은 마지막 문제다. 2019년 '조선일보'(9. 28) 사설에는 「대통령이 파렴치 장관 수사 방해, 이게 국정농단 사법농단」이라는 제목 아래 다음과 같은 글이 실려 있다.

"대통령은 27일 검찰이 조국 법무장관 수사와 관련해 '검찰개혁 목소리가 높아지는 것을 성찰해 달라'며 '특히 검찰은 인권을 존중하는 절제된 검찰권 행사가 무엇보다 중요하다'고 했다. 적폐수사라며 사람 4명이 자살하고 무고한 사람들을 떼로 사냥하듯 할 때는 잘한다더니 조씨 집 한번 압수수색했다고 검찰에 경고를 날린 것이다. 갑질한 재벌 가족 하나를 잡겠다고 대한민국전 국가기관을 총동원해 이 잡듯 하면서 인권을 아예 말살하다시피 했고 결국 그 회장은 사망했다. 그 총책임자가 인권을 말살한다고 말하는 것도 어이가 없다.

…바로 전날 국회 대정부질문에서 조 장관이 지난 23일 서울 방배동 자택 압수수색 때 현장에 있던 검사와 전화 통화를 한 사실이 밝혀졌다. 검찰 인사권과 수사의 지휘감독권을 가진 법무장관이 자신에 대해 수사하는 검사와 통화하는 것 자체가 있을 수 없는 일이다. 야당은 '직권남용으로 탄핵사유'라는 입장이고 총리도 '(통화가) 적절하지 않았다고 생각한다.'고 답변했다.… 그런데 대통령은 문제가 된 조 장관의 통화에 대해서는 한마디 언급도 없이 오히려 검찰에 경고했다.

지금 조 장관과 그 가족은 범법혐의에 앞서 파렴치한 행태로 국민의 공분을 사고 있다. 딸을 병리학 제1저자로 만들어 대학입시에 이용한 것에서 시작한 파렴치 형태는 조씨 집을 '상장위조공장'으로 볼 수밖에 없게 만들었다. 위장이혼, 사기소송, 증거인멸 등 거짓이 거짓을 낳아 이제는 진실한 것이 단 하나라도 있느냐는 의문까지 제기된다.

　불과 얼마 전 검찰총장을 임명하면서 '우리 정부 문제도 수사하라'고 지시했던 문 대통령이 그 지시를 이행하고 있는 검찰을 향해 우리 편 살살 수사하라는 식으로 언급할 수 있나. 문 대통령의 유체이탈 화법과 이중성은 이미 새로운 사실도 아니지만 어떻게 아무런 부끄러움 없이 이럴 수 있는지 놀라울 뿐이다.

　문 대통령은 검찰에 경고하는 동시에 지지자들에게는 검찰에 대한 항의시위에 나서라는 메시지를 보낸 것으로 보인다. 이미 민주당 원내대표는 '이번 주말 10만명 이상이 서초동(대검찰청)으로 향한다고 한다'고 말했다. 여기에 문 대통령까지 가세했다. 과거에도 검찰이 대통령의 자식들까지 수사했지만 이렇게 대통령과 여당이 자신들이 임명한 검찰을 향해 시위로 수사중단을 압박한 적은 없었다.…문 대통령이 조국을 끝까지 안고 가겠다고 한 이상 나라의 분열은 더 심해지고 국정 전체는 블랙홀로 빠져들게 될 것이다. 이것이 국정농단, 사법농단이 아니고 무엇인가."

　청와대 국회 법원 공원 할 것 없이 제대로 꽃을 피우지 못한 채 동사무소, 면사무소 울타리나 변소(화장실) 주변에 초라하게 수위처럼 서서 흙먼지를 뒤집어쓴 채 연명하다가 말라죽어가고 있는 우리나라 꽃 국화(國花), 무궁화(無窮花) 머리 위로 불길한 까마귀가 가옥(可獄) 가옥(可獄) 울고 있는 모양새이다. 이상(李箱) 시인의 시 「오감도(烏瞰圖)」처럼 까마귀가 공중에서 내려 보는 가운데 북한의 핵무기를 머리에 이고 살아야 하는 미래의 빚쟁이 어린것들이 출구 없는 길, 길 없는 길을 달려가는 듯한 형국이다.

국가적인 행사에 '애국가'를 부르지 않고 '임을 위한 행진곡'을 부른다거나, 국경일에 아파트를 살펴보면 태극기가 한 동에 한두 개 보였고, 하나도 볼 수 없는 곳도 있었다. 이처럼 시민의 애국심이 바닥으로 보이는데 무궁화의 경우는 어떠한지 궁금해서 한국무궁화연구회의 박춘근 고문에게 물어보았더니 그는 "무궁화는 우리 민족혼의 표상"이라고 말하면서 수난의 시대를 거쳐 왔다고 했다. 특히 수난의 시대는 일제 36년간이라 했다.

일제는 항일 구국 독립운동의 투혼이 무궁화정신에 있다고 보고, 이 배달겨레의 정수를 송두리째 뽑아버리려고 무궁화 말살 정책을 폈다고 했다. 그는 그 사례를 다음과 같이 말했다.

"민족의 지도자요 황성신문 사장을 지낸 남궁억 선생은 간교한 일제의 눈을 피해 산간벽지인 강원도 홍천면 서면 보리울에 은거하면서 무궁화 묘목을 가꾸었습니다. 낮에는 야학당에서 청년들에게 우리의 언어와 역사를 가르쳤고, 밤에는 뽕나무 속에 무궁화 묘목을 넣어 전국의 학교와 사찰, 교회에 보냈습니다. 이게 반역이요 독립운동이라는 낙인이 찍혀 서대문형무소에 수감되니, 이것을 '십자가당사건(十字架黨事件)' 또는 '홍천보리울 무궁화동산사건'이라 합니다."

"…서울대 농대 류달영 교수는 학술연구분야에서, '반달'을 지은 윤극영 선생은 정신문화창달운동으로 무궁화를 주창했습니다. 이는 우리 국화인 '무궁화선양운동'의 시원이며 그들의 공로는 우리가 높이 평가하고 오래오래 되새겨야할 것입니다.…그로부터 20여년, 지속적인 선양애호운동에 매진한 결과 일제(日帝)가 모조리 말살하여 보이지 않던 무궁화가 1970년대 이후 오늘에 이르기까지 이 산하 온누리에 5천만 그루가 심겨져 자라고 있습니다."

그런데 무궁화는 여전히 수난을 겪고 있다. 이범선의 소설 「오발탄」에서처럼 빼어낸 어금니에서 흐르는 피가 와이셔츠 깃을 적시는 가운데, 책임이 무거운 넥타이를 풀지도 매지도 못하고, 까무룩히 내려감은 꼬막 눈으로 앞을 주시하며 가기는 가야 하는데, 어디로 가는지도 모르는 채 무궁화 진딧물이 만연한 길을 갈 수 밖에 없는 단제왕검(檀帝王儉) 실추된 천손족(天孫族) 자손들의 몰골이 말이 아니다.

지금은 제2의 징비록(懲毖錄)을 쓰고 읽을 때, '까치밥'처럼 죽는 길이 사는 길임을 깨달아야 할 때라고 까마귀도 가옥가옥 경고음을 내고 있다.

이제는 이항녕(李恒寧) 박사를 소개하고자 한다. 그는 해방 후 "고등관, 즉 군수급 이상은 모두 친일파로 봐야 한다." 고 증언했다. 친일행적을 스스로 여러 차례 공개하면서 참회하고 속죄한 그 용기는 후학들에게 큰 귀감이 되고 있다. 우리 민족이 과거사 청산에 실패함으로써 바람직하지 않은 현상은 민족분열과 갈등의 요소로 작용하여 왔다고 했다. 친일을 하고도 후안무치하게 발뺌하고 변명하기에 급급한 이들이 오히려 득세하는 양상을 보게 될 때 용기 있게 참회하신 이항녕 박사가 존경스럽다.

그는 우리가 문학을 한다는 것은 크게 두 가지로 생각할 수 있다고 했다. 하나는 문학 그 자체가 좋아서, 예술지상주의라고 할까, 문학을 위한 문학, 예술을 위한 예술, 다만 그저 예술의 아름다움을 추구하고, 그 아름다움을 영위하기 위해서 문학을 한다는 문학관이 있을 수 있다고 했다.

또 하나의 문학관은 문학이라는 것이 우리 인생에 도움을 주어야 한다는 것이었다. 인생에 유익을 주어야 한다는 것이다. 아름다움도 좋지만 그 아름다움뿐만 아니라 그것이 우리 인생에 착하고 유익함을 줄 수 있어야 한다는 것이다. 순수문학의 대표자로는 김동인을 꼽을 수 있겠고, 문학을 위한 문학이 아니라 인생을 위한 문학의 대표 문인으로는 이광수라고 말했다.

대부분의 작가들은 대개 인생을 위한 예술을 하는데, 그것을 특별히 강조한 이는 톨스토이라고 했다. 톨스토이는 아름다운 동시에 착해야 한다. 예술을 위한 예술이 아니라 인생을 위한 예술이어야 한다. 톨스토이의 영향을 받은 춘원 이광수가 우리나라의 대표적인 인생을 위한 문학가라고 볼 수 있는데, 그분은 친일을 했다고 해서 여러 가지로 비난의 대상이 되어 왔다. 춘원 이광수의 소설이 굉장히 많이 읽혔고, 젊은이들에게 많은 영향을 주었다. 그의 문학작품들은 민족의식을 일깨우기도 했다.

　가령 「흙」이라는 소설도 은연중 민족의식을 환기시켰는데, 그러한 분이 결국 나중에는 친일파로서 비난을 받게 된 것은 매우 안타까운 일이다. 이항녕 박사는 관리가 되다 보니 결국 그때 일본 사람이 전쟁을 하게 되어서 군수물자를 공출하게 하지 않을 수 없었다고 했다. 쌀을 강제로 빼앗아가고 강제로 징용하기도 했다. 그가 직접 한 것은 아니지만, 여자를 끌어다가 위안부(정신대)로 보내는 비인도적인 행정을 하는 데에 협력을 해서 일본 사람의 앞잡이 노릇을 한 셈이다. 그때는 먹고살기 위해서 했다는 변명이 되지만, 해방 후에는 대단히 부끄러운 일로 취급되었다, 우리 민족에 큰 죄를 지었다는 생각이 들었다고 했다. 이제부터는 이항녕 박사가 계간종합문예지 『문학사계』(4호, 2002. 12.)에 발표한 강연문 일부를 소개하고자 한다.

　"새로 태어난 한국 사람으로서는 첫째 할 일이 잘못을 뉘우치는 것이라는 생각을 했습니다. 제가 문학을 제대로 하진 못했습니다. 그저 거기에 관심을 가졌지만. 문학이라는 것이 하나의 고백인데, 그 고백을 통해서 잘못을 참회하는 것이 될 수 있다고 생각한 나머지 참회로서의 문학을 생각했습니다. 물론 다른 예술이나 또는 종교로 참회할 수가 있지만, 참회로서 가장 적합한 것은 문학입니다, 글을 통해서 고백하는 것입니다. 그래서 저는 해방 후에 참회로서의 문학을 생각했습니다.

　이러한 참회로서의 문학을 가장 역설한 이가 최근에는 톨스토이지만 그 전에도 이미 서양의 기독교의 어거스틴의 참회록입니다. 그리고 제가 대학 다닐 때 가장 감명을 받은 사람이 장자크 루소입니다. 루소의 참회록을 읽어보면 거기에 첫 장에 뭐라고 썼느냐 하면, "나는 이제까지 아무도 하지 못했던 일을 하나 하고 간다"고 했는데, 그게 뭐냐 하면 내가 이제까지 지내온 일에 대하여 하나도 거짓 없이 고백한다는 것입니다.

톨스토이는 결국에는 참회하는 소설을 쓰다가 여든 살이 넘어가지고 집을 나가서 객사하게 됩니다. 그런데 결국 톨스토이의 문학이라는 것은 전부가 참회입니다. 톨스토이의 유명한 소설 '부활'만 하더라도 네플류도프 공작이 젊었을 때 카추샤에 저지른 범죄에 대한 양심의 가책에 의해서 참회의 길을 걷는 게 「부활」로 나타났고, 「안나 카레니나」, 「전쟁과 평화」 할 것 없이 톨스토이의 소설은 전부가 참회로 되어 있습니다.

하나님께서는 인간이란 향상하고자 노력할 때에는 언제든지 과오를 벗을 수 있다 하셨습니다. 그러니까 말하자면 괴테의 파우스트도 결국은 참회로서의 문학입니다, 그럴 수 있지요. 괴테는 아주 젊었을 때부터 연애를 많이 했어요. 괴테는 본래 법학을 공부했습니다. 변호사를 할 적에 아는 여자하고 연애한 것이 「젊은 베르테르의 슬픔」인데, 「젊은 베르테르의 슬픔」을 비롯해서 수많은 여인들과 연애를 합니다.

심지어는 괴테가 나중에 72세 때에 16세의 소녀와 연애를 하는데, 보통 생각하면 괴테야말로 난봉꾼이지요. 그럼에도 불구하고 괴테는 독일을 대표하는 세계적인 문호가 되어 있습니다. 독일문화원은 독일문화원이라 하지 않고 괴테하우스라고 합니다. 괴테가 우리들 보통의 안목으로 봐서는 난봉꾼인데, 왜 그렇게 위대하냐 하면, 자기가 연애를 하고 참회합니다. 그 참회한 것을 문학으로 남깁니다. 자기가 연애할 때 잘못한 것을 참회하는 것으로 문학이 된 것입니다. 그게 위대한 문학이 된 것이죠.

제가 경향신문에 「청산곡(靑山曲)」이라는 연재소설을 한 반년 썼는데, 그 내용이 제 딴에는 일제 때의 악행, 일본 사람에 대한 아주 비굴한 것 등을 전부 폭로해서 그것이 하나의 참회의 형식을 띠었습니다. 일본이 성공한 것은 한국보다 먼저 서양문물을 받아들인 데 있지요.

우리가 가령 개화당이라든지, 김옥균 그런 선각자들이 한 행동이 성공했으면 일본에 떨어지지 않을 건데, 우리는 구식으로만 정치를 했습니다. 일본이 서양문물을 받아들여서 잘 된 것만이 아니라 구심점, 천황을 딱 잡아 가지고 그걸 중심으로 해시 국민이 단결했기 때문이에요. 그것은 인위적으로 우상을 조작한 것입니다. 교육을 자꾸 그렇게 시키면 그렇게 돼요.

일본의 천황도 천황이 신이다. 천황이 신이다, 천황이 신이다 하고 반복해서 천황이 진짜로 신처럼 되었어요. 그래서 제가 생각하기를 우리나라도 구심점이 하나 있어야 할 것이 아니냐, 우리나라의 구심점을 찾자면 3.1운동의 33인도 있을 것이고, 역대 위인도 있겠지마는 거슬러 올라가면 단군(檀君)에 다다릅니다.

그래서 해방 후에 제가 생각하기를 제가 재생한다고 그럴까요. 제가 살아남기 위해서는 새로 역사를 공부해야 하고 한글을 공부해야 하지마는 민족이 다시 부활하기 위해서는 구심점이 필요하다. 그 구심점을 어디서 찾겠느냐, 단군밖에 찾을 데가 없지 않겠느냐. 그래서 제가 해방 후에 단군에 관해서 관심을 갖기 시작했습니다. 단군 그러면 우리나라에 여러 가지 말이 많습니다. 지금 우리 국민들이 생각할 때 단군에 관해서는 아마 몇 가지의 종류가 있다고 생각해요.

민족의 구심점을 단군에서 찾아야 하겠기에

그 하나는 대부분의 국민, 또 대부분의 학자, 학자 중에도 대학에서 강의하는 학자들 강단학자, 대학교수들이지요. 대학에서 강의하지 않고, 대학에서 전공한 것도 아니고 자기가 사사로이 역사를 연구한 이들을 재야사학자라고 하는데, 재야사학자하고 강단사학자 사이에 차이가 심한 게 단군 문제예요. 국민의 대부분하고 강단사학자, 대학에서 정식으로 역사공부한 학자들은 단군을 실존인물로 인정하지 않습니다. 단군은 실존인물이 아니고 신화라고 합니다.

그러나 정식으로 대학에서 학문한 게 아니고 문헌을 보고 연구한 재야 학자들은 단군은 실존한 인물이라고 주장합니다. 단군만 실존한 것이 아니고, 단군 전의 단군 아버지 환웅이 실존한 시대가 있었다. 또 환웅만 실존한 게 아니라 단군의 할아버지 환인도 실존했다. 단군도 한 사람이 아니라 단군 시대에 마흔 일곱 분의 단군이 계셨다. 단군의 아버지 환웅도 환웅 시대에 환웅이 한 분이 아니라 열여덟 분이라고 합니다.

그 전의 환인 시대는 환인이 한 분이 아니라 일곱 분이다. 그것을 모두 따져보면 구천 년이다. 이렇게 주장한 사람들이 재야사학자들입니다. 단군에 관한 얘기가 문헌상에 처음 나타나기는 지금으로부터 약800년 전에 고려의 삼국사기라는 책에 나왔습니다. 그 다음 약130년이 지나서 일연이라는 스님이 쓴 삼국유사에 단군 얘기가 또 나옵니다.

삼국사기에 고구려 동천왕(東川王)이 평양으로 복도(復都)하는 것이 나오는데, 평양은 본래 선인(仙人) 왕검(王儉)이 살던 곳이라고 했습니다. 선인 왕검이 바로 단군입니다. 한국의 근본적인 종교는 뭐냐? 중국에는 유교가 있고, 또 도교가 있고, 일본에는 신도가 있고, 서양에는 기독교가 있고, 인도에는 힌두교가 있고, 또 중동에는 이슬람교가 있습니다. 한국의 불교 유교, 기독교, 전부 외국서 들어온 것뿐이지 한국의 고유종교가 없지 않느냐, 이랬는데 사실은 단군 신앙이 있지요.

단군 사상은 뭐냐 하면 신선도(神仙道)입니다. 최고운은 삼국사기에서 한국의 역사를 신선의 역사 [仙史] 라고 했습니다. 단군은 신선이에요. 『삼국사기』에 평양은 옛날에 선인왕검(仙人王儉)이 살던 곳입니다. 왕검이라는 것은 삼국유사에서 단군(檀君)을 가리키는 것입니다. 본래 고기(古記)에는 단군왕검(檀君王儉)이라고 한 것을 삼국사기에서는 일부러 단군을 빼고 선인왕검이라고 했습니다.

그것이 고기(古記)에요. 여기에 단군과 신선도(神仙道)가 나옵니다. 신선도라는 게 뭔고 하니 유교도 아니고 불교도 아니고 중국 도교와도 달라요. 신선이라는 것이 뭐냐. 한국 사람은 제일 좋아하는 말이 신선이에요. 한국 사람은 어디 가서 제일 경치 좋은 것을 보면 선경(仙境) 같다고 그래요. 한국 사람은 남자를 칭찬할 적에는 신선(神仙) 같다고 합니다. 그리고 여자를 칭찬할 적에는 선녀(仙女) 같다고 합니다. 그러니까 말하자면 신선선녀(神仙仙女)라는 것을 가장 이상적인 인간으로 생각합니다. 그러면 그 신선이라는 것은 뭐냐. 신선이라는 것은 신과 인간, 신과 사람의 중간적 존재입니다.

우리는 인간이죠. 인간은 뭐고 하니 동물의 일종으로 생사가 있어요. 사람이 죽으면 신이 된다고 그러는데, 사람이 죽어서 되는 신이 있고, 본래 죽지 않고 영생불멸하는 신이 있어요. 하나님이라고 하지요. 그 신은 육체가 없어요. 육체가 없기 때문에 생사도 없습니다. 그런데 한국 사람이 생각하는 게 뭐고 하니 육체를 가지고 있으면서 불로장생, 신처럼 죽지 않으면 좋겠다. 그런 소망을 가진 게 신선사상입니다. 신선사상은 중국에도 발생할 수가 없고 일본에도 발생할 수가 없어요.

왜냐하면 신선사상(神仙思想)이라면 뭐고 하니 우선 경치가 좋은 곳이라야 신선이 있을 수 있거든요. 아, 참 경치 좋다, 선경이다. 여기서 오래 살아야 하겠다. 그런데 어디를 가나 그렇게 경치가 좋은 데는 한국 밖에 없어요. 한국의 원색은 자색(紫色)입니다. 옛날에는 한국에 공해가 없을 때는 산에 자색이 뻗쳤다고 합니다. 한국은 어디를 가든지 생수를 마실 수가 있어요. 한국은 산에서 먹는 물은 다 약수입니다.

그런데 생수를 먹는 곳은 한국밖에 없어요. 중국 사람은 생수를 못 먹습니다. 중국은 땅덩어리는 넓지만 황하의 탁한 물, 아주 황진(黃塵)이라고 그러지 않아요? 그리고 경치 좋은 곳이 별로 많지 않아요. 몇 군데밖에 안돼요. 황진이 뒤엉켜서 생수를 못 먹어요. 그래서 그 사람들이 물을 끓여 먹기 때문에 차를 마시게 됩니다.

일본은 화산이 돼서 그 물을 못 먹습니다. 그래서 그 사람들도 물을 끓여 먹어요. 한국은 그냥 생수로 먹는데, 그만큼 경치가 좋으니까 한국 사람들은 조상들이 신선이 되어서 죽지 않겠다는 그 사상이 중국으로 건너가서 도교(道教) 또는 선도(仙道)가 되고, 일본으로 건너가서 신도(神道)가 되었어요. 중국의 선도가 역수입 되었습니다. 한국으로 역수입되어 가지고 선도라고 하는데, 한국에는 본래에 선도가 있었거든요. 그러니 본래의 선도를 국선도(國仙道)라고 합니다.

조선 왕조 말, 일본 사람들이 조선을 침략하기 시작할 적에 대종교(大倧教)라는 종교가 생겼어요. 나철(羅喆)이라는 분이 전라도 보성 분인데, 단군이 우리 시조다. 단군이 우리 시조이므로 단군을 우리가 국조(國祖)로 모셔야 하겠다. 그 대종교가 만주로 건너가서 독립운동을 했습니다.

신라 때는 단군을 국민들이 다 알고 있으니까, 솔거가 단군님을 보여달라고 기도를 해서 꿈에 단군님의 현몽을 받아 가지고서 단군님의 그림을 그린 것을 대종교에서 보급을 했습니다. 그 뒤에 단군에 관한 국론이 분열되면서 단군을 배척하는 사람도 많지만 단군을 숭배하는 사람도 많아요. 그래서 우리가 단군을 국조로 모시되 신처럼 모실 필요는 없습니다.

우리 조상이 지금부터 4천 3백년 전에 우리처럼 생겼겠지 이상하게 생겼겠느냐. 단군은 신이 아니고 사람이다. 우리의 조상이다. 그러니까 우리는 단군을 신으로 모시지 않고, 우리의 조상으로 받든다. 그런 의미에서 단군을 신격화하지 않고 인간으로서 단군을 모신다. 그런 단체가 또 생겼습니다. 그래가지고 그 단체 중의 하나인 현정회(顯正會)라는 단체가 있는데, 저도 거기에 관계하고 있습니다. 단군을 신으로 숭앙하면 국민에게 강요하면 첫째 기독교에서 반발합니다.

기독교에서는 신이란 여호와밖에 없는데 단군을 신으로 믿으라니 이건 일본 사람의 신사참배와 마찬가지다. 그러니 신으로서의 단군이 아니라 인간으로서의 단군을 새로 찾아야 되겠다. 그래서 현대화가에게 의뢰해서 그림을 새로 그렸습니다. 그림을 새로 그린 단군이 이것입니다.(그림 사진을 보여주면서) 사직공원에 단군상을 모셔놓았는데, 우리나라의 단군상이 하나 둘이 아니지요. 단군상을 그린 게 여러 가지로 많습니다.

지금 국가에서 여러분들에게 처음에 보여드린 이 그림이 대종교라는 공인된 종교단체의 것이고, 두 번째로 보여드리는 이 그림은 신이 아니라 우리 조상으로서의 단군입니다. 그런 의미로서 현정회에서 국가에 신청을 했어요. 국가의 공인을 받았습니다. 이 단군상은 한국인의 시조로서의 단군이라는 것이지요. 지금은 교과서에 이 그림이 실려있습니다.

『환단고기(桓檀古記)』라는 책을 강단학자들은 위서다, 옛날 책이 아니라고 인정하지 않으려고 합니다. 그리고 재야학자들은 진짜라고 합니다. 그런데 제가 말씀드리고자 하는 것은 지금부터 4천3백 년 전, 그리고 9천 년 전, 그때에 단군님이 진짜 계셨느냐, 지금 우리가 보고 있는 사진이 진짜 단군님이냐, 그것은 지금의 학문 수준으로서는 확인할 수가 없고, 그러니까 재야학자들이 믿는 것을 그대로 다 믿을 수는 없습니다.

그러나 강단학자들, 대학에서 역사를 가르치는 분들처럼 그렇게 무시할 필요는 없습니다. 왜 그런고 하니 이 얘기가 우리 민족에게 적어도 몇 천년 동안 전해 왔으면 그 가운데 우리 민족의 생각을 찾아볼 수가 있다. 단군의 얘기에 나오는 거기에서 우리 민족의 조상들의 생각을 읽자. 그게 사실인지 아닌지 그것은 모르겠다. 사실인지 아닌지는 모르지만 그 얘기 가운데 우리 조상들의 생각이 담겨있다. 이야기의 줄거리는 이렇습니다.

하느님이 계시다. 하느님의 아들 환웅이가 하늘에 있으면서 지상에 내려가 살고자 했다. 지상에 내려오는데 하느님이 그냥 내려 보낼 수가 없다, 그래서 천부인과 3천의 무리를 딸려서 백두산 아래에 내려 보내셨다. 그 백두산에 곰과 호랑이가 살고 있는데, 곰과 호랑이가 사람이 되고 싶어 사람이 되게 해 달라고 빌었다. 그러니까 환웅이 너희들이 마늘과 쑥을 먹고 백일 동안 굴 속에 들어가서 일광을 보지 않으면 사람이 된다. 그렇게 했더니 곰은 여자가 되고 호랑이는 중간에 뛰쳐나가서 사람이 되지 못했다. 곰에서 된 여자가 혼인할 사람이 없어서 아이 배기를 원하니 한웅이 임시로 사람으로 변하여 곰 여자와 혼인해서 낳은 것이 단군이다,

이렇게 얘기가 되어 있거든요. 이야기가 허황하지요. 허황한데, 우리 조상적부터 그런 이야기가 전해 내려왔는데, 물론 신화에 속하지요. 신화에 속하지마는 노상 근거 없는 신화는 아니고 그래도 그것은 무엇인가를 그 안에 상징하고 있는 것이다. 지금 대개는 이렇게 생각하고 있습니다. 곰과 호랑이는 진짜 곰과 호랑이가 아니고 아마 곰을 믿던 족속하고 호랑이를 믿던 족속이

백두산에 살았을 것이다. 환웅이라는 것은 하늘에서 내려온 것이 아니라 저 중앙아시아 그쪽에서 이동해 왔을 것이다. 이동해 온 것을 하늘에서 내려왔다고 한다. 와 보니 곰을 믿는 족속하고 호랑이를 믿는 족속이 있었는데, 그 중에 곰을 믿는 족속의 족장, 여왕이죠. 그 여왕하고 혼인을 해서 단군을 낳았다는 해석이 가능합니다.

인간이란 무엇이냐, 철학의 출발점이 되지요. 우리 조상들이 인간은 하느님의 아들하고 곰 사이에서 태어났다. 인간은 반은 하느님의 영성(靈性)이 있고, 반은 짐승의 야성(野性)이 있다. 철학적으로 문학적으로 여러 가지로 단군신화를 해석하면 얻는 게 많다는 생각이 듭니다.

문학이라는 것은 참회의 고백을 통해서 스스로 정화하는 자기혼을 쓰는 것이다. 한국 사람이 앞으로 잘 살기 위해서는 그래도 무슨 구심점이 있어야 할 것이다. 그래서 단군을 구심점으로 삼아야겠는데, 이것을 신으로 고정해 놓으면 다종교시대에 다른 종교와 충돌이 있을 것이고, 그렇다고 단군을 인정하지 않으면 조상이 없으니 허공에 떠서 등을 붙일 데가 없기 때문에 우리가 단군을 인정하되 현대의 안목으로 봐서 과학적으로 재구성하고, 또 예술적 문화적으로 재구성하고, 철학적으로 재구성해서 단군이 실제 있고 없는 것을 떠나서 단군신화의 의미를 새로 해석하는 데서 새로운 문화를 얻을 수 있다고 생각합니다.

제가 오늘 말씀드린 것은 제가 일제시대에 과거에 잘못한 것을 제 나름대로는 참회하기 위해서 글을 썼고, 또 우리 민족이 단결하기 위해서는 구심점이 필요한데, 지금 단계로서는 단군밖에는 귀일시킬 데가 없다는 말씀을 드리고자 합니다. 제 얘기를 그치고자 합니다. 감사합니다."

* 이항녕(李恒寧, 1915. 7. 25~2008. 9. 17.) 법학자, 변호사, 소설가, 수필가, 법학박사, 충남 아산 출생. 경성제대 법학과 졸업(1940). 고등문관시험에 합격, 군수로 부임했으며, 광복 후 한 때 청룡초등학교 교장, 양산중학교 교장, 동아대 교수, 고려대 교수, 동 법과대학장, 교양학부장, 학술원 회원, 문교부차관, 경향신문 논설위원, 홍익대 총장, 세계평화교수협의회 이사장, 방송윤리위원장, PEN고문, 서화작가협회장, 국민훈장무궁화장. 주요 저서에 소설『靑山曲』『敎育家族』『辭職理由書』, 수필집『落葉의 自畵像』『작은 언덕에서』『깨어진 그릇』, 전기 외에 법학, 법철학 관계의 저서가 있다.

　지금까지 대한민국의 미래를 위해서 요구되는 몇 가지 요소를 살펴보았다. 우선 구심점이 필요하기 때문에 단제(檀帝)를 시발로 우리 사회현상을 살펴보았다. 그 결과 다음과 같은 해답이랄까 대안을 설정하게 되었다.
　첫째, 단군(檀君)을 단제(檀帝)로 바꾸어 명명하고, 단제기원(檀帝紀元)과 서력기원(西曆紀元)을 병용해야 한다는 점이다. 우리나라에 구심점이 없기 때문에 노론사관과 식민사관에 휘둘려왔으나 단제(檀帝)의 홍익인간(弘益人間) 정신으로 주체성이 확립되면 정상을 되찾게 되리라 여겨진다.
　둘째, 민주공화국으로서 자유민주주의를 확립해야 한다는 점이다. 비근한 예로서 현재 조국 법무장관이 몸담고 있던 '사노맹'의 '사과원(남한사회과학원)'에서 발행한 책(우리사상)에는 "국가보안법, 사회안전법 등 '혁명적 노동해방' 사상의 전파와 활동의 자유를 금지하는 제반 악법에 대한 철폐투쟁을 조직화한다."는 구절도 있다. 이 책(우리사상)을 만든 조국 씨가 아직까지도 전향을 하지 않고 있다는 것은 국가보안법을 악법으로 여기고 언제라도 철폐투쟁을 벌일 수 있는 위험이 상존함으로, 과거에 국가전복을 획책한 범죄자는 반드시 전향하지 않으면 대한민국 국민이 될 수 없도록 법제화해야 한다.

셋째, 불법 이전에 비양심적인 행동으로 국민의 공분을 산 조국 일가를 옹호한 정치인이나 노조원, 그리고 법원 주변에서 조국 법무장관을 편드는 많은 사람들 역시 양심을 빼어 던진 비양심적 동류다. 춘원 이광수는 그의 「民族改造論」에서 "거짓말과 속이는 행실" "空想과 空論을 버릴 것" "표리부동(表裏不同)을 버릴 것", 그리고 "個人보다 團體를, 즉 私보다 公을 重히 여겨 社會에 대한 奉仕를 生命으로 알도록" 교육을 비롯하여 총체적인 쇄신이 이뤄져야 한다고 하였다.

넷째, 종교를 비롯하여 모든 분야에서 각성이 이뤄져야 한다. 가령 檀帝의 문제와 관련되어 檀紀가 철폐되고 西紀만을 사용하는 문제라든지, 1980년대 중반에 檀君聖殿建立에 대한 민족진영과 기독교회 세력과의 사이에 야기되었던 갈등도 문제 중의 문제라 하겠다. 신화가 달빛이라면 역사는 햇빛에 비유할 수 있다. 신화 없는 민족도 역사 없는 국민도 절름발이 병신이다.

우리는 스스로 신화와 역사를 버렸다. 신화는 기독교도에 의해서 망가졌고, 역사는 노론사관과 일제 식민사관에 의해서 망가졌다. 서울시에서 단군성전을 건립하려할 때 기독교도들의 반대에 부딪쳐 좌절되었다. 기독교도가 단군성전건립을 반대할 까닭이 없다. 기독교의 여호와 하나님은 유일신이지만 단군은 역사적 인물이기 때문이다. 설령 단군을 숭상하는 종교가 있다 하더라도 절대자 유일신을 가리키는 게 아니고 인간이 타계하면 존재한다는 개별적 영적 존재를 가리키기 때문에 기독교와 상충되지 않는다. 문제는 성경에 기록된 "여호와 이외의 잡신을 섬기지 말라."는 구절을 협소하고 편벽되게 이해하는 데 있다.

창처럼 뾰족한 기독교의 장점이 순교(殉敎)요 순애(殉愛)라면 방패처럼 너그러운 불교의 장점은 大慈大悲다. 불교는 우리 것을 배척하지 않았다. 대웅전을 지을 때에도 우리의 것(七星堂, 七星閣)을 규모는 작아도 위쪽(上位)에 모셔놓고 지었다. 그러나 기독교는 기존의 신화를 용납하지 않았다. 그래서 21세기에는 두 가지 이상의 종교를 가져야 한다는 말이 나오기도 한다.

대한민국은 유물론(무신론) 공산주의 국가(북한, 소련, 중국)의 침략을 유신론 국가인 미국을 위시한 유엔(16개국, 비전투까지 24개국)이 막아주고 살려서 키워준 나라인데, 어찌하여 미 대사관 앞에서 성조기에 불을 지르고 맥아더 동상을 훼손하려 하는가. 우리 안에 모순된 투쟁이념이라는 바이러스가 잠복해 있기 때문이다.

역사는 이제 마지막 유언을 고하고 있다. 낡은 역사를 청산하고 새로운 역사를 받아들여야 할 대한민국 국민의 가슴에는 불안과 공포의 압박감이 더욱 짙어지고 있다. 어디서부터 오는지도 모르게 엄습해 오는 불안과 공포의 전율이 어디에서 기인되는가. 철학의 빈곤에서 오는 공허, 갖추지 못한 정체성, 우리의 國祖 檀帝를 망각하고 외래사조에 길들어온 사대(事大)에 있다.

그동안 정체성을 잃은 대한민국 국민은 생일 없는 천애고아였다. 역사적 생일은 개천일(開天日)인데 그 생일에는 대통령도 참석하지 않는 나라다. 이는 祭主 없는 祭祀와도 같다. 형식만 있고 내용이 없다. 우리가 우리의 정체성을 찾아 세울 때 핵 대신 하늘을 머리에 이고 살면서 편안한 잠을 잘 수 있을 것이다.

대담

정치권력과 역사왜곡을 말한다

이 글은 지난 6월 30일 본지(문학사계) 황송문 주간이 현길언 작가와 인터뷰한 내용이다. 정치권력에 의해서 왜곡된 역사는 바로잡혀져야 하겠기에 이 발성은 소중하다. 독자의 정독을 바란다.　　　　　-편집자 주-

　—현길언 선생님의 방대한 역저인 『정치권력과 역사왜곡』을 다 읽었습니다. 시간이 많이 걸렸지만 공부도 되었습니다. 선생님은 책에 "진압과정에서 나타난 반인권적인 사례 때문에 자유민주주의 국가 건설을 거부하려는 그 반란의 목적을 정당화할 수 없다. 사건이 반국가적인 반란이라 하더라도 이를 진압하는 과정에서 야기된 반인권적인 사례 또한 정당화할 수 없다."고 쓰시면서

"이것이 4.3을 보는 나의 입장이다."고 밝히셔서 편하게 여쭈어도 되겠다는 생각이 들었습니다. 어느 한쪽에 치우치지 않고 공명정대하게 말씀해 주실 것이라는 믿음이 갔기 때문입니다.

2003년 10월 15일 4.3위원회가 발간한 '제주4.3사건진상조사보고서'가 정부 공식 보고서로 확정되었고, 노무현 대통령은 그 해 10월 30일 제주도를 방문하여 보고서를 토대로 과거 국가 공권력이 잘못 행사되었음을 공식 사과한 것으로 알고 있는데, 선거 거부(방해)공작으로 촉발된 남로당의 반란은 외면하고 이승만 정부의 과잉 진압으로 나타난 인권의 문제만을 문제삼아 사과하는 것은 문제가 아닙니까? 사건을 총체적으로 인식하지 않고, 특정 부분만을 문제삼는 것은 역사를 왜곡할 수 있다고 생각하시는 겁니까?

인권적 차원에 치중하면
사건의 왜곡으로 반역사적 결과를 낳게 돼

현길언 - 그렇습니다. 저는 애초부터 이 사건을 접근할 때 '4.3사건'을 되도록 팩트(fact)에 의지해서 이해해야 한다고 생각해왔습니다. 이것은 소위 한국적 상황에서 쓰는 좌측의 입장도 아니고, 우익의 입장도 아닙니다. 제 고향에서 발생한 일이기 때문에 우선 역사적인 실체의 규명이 필요하다고 생각합니다. 물론 김대중 노무현 두 정부에서 추진한 인권적 차원도 중요합니다만, 그것에만 치중할 경우에 사건이 왜곡되어 반역사적인 결과를 낳게 된다는 것입니다. 저는 진보도 보수도 아닌 입장에서 사건의 실체를 밝히고 그러한 역사적 상황을 토대로 할 때에 그 속에 살았던 사람들의 아픔을 이해할 수 있고, 그래서 피해자와 가해자의 처지에 대한 공감을 확대하여 상생도 가능하고 평화도 가능하리라고 생각합니다. 팩트를 외면한 역사 인식은 오히려 아픔과 한을 증폭시키는 결과를 가져올 수 있고, 역사의 실체에 대한 일반의 신뢰를 얻지 못하면서, 역사는 힘있는 사람들이 정치문서로 활용하는 극히 반 역사적인 결과를 가져올 수도 있다는 것입니다.

―김대중 대통령도 제주4.3사건을 인권의 차원에서 인식하고 있으며, 이것은 남로당이 대한민국 정부 수립을 방해할 목적으로 일으킨 '반란'이라는 점에 대해서는 문제시하지 않겠다는 속뜻을 그대로 드러내었다고 하셨는데, 사건의 제일 원인인 국가의 존폐에 관한 문제를 도외시한 채 제주도민 인권문제로 편중하게 되면 역사 왜곡이 될 수밖에 없겠지요?

현길언 선생님의 책 25쪽에는 "제주4.3사건진상규명 및 희생자명예회복에 관한 특별법은 사건의 진상을 규명할 수 없는 법이 되었다. 이 법은 사건의 진상을 파악하려는 의도보다는 고도의 정치적인 목적을 위해 제정되었기 때문이다."라고 주장하셨는데, 독자의 이해를 위해서 좀 더 설명해 주시겠습니까?

현길언 - 제주4.3문제 해결을 위한 특별법의 명칭부터가 잘못되었습니다. '제주4.3사건 진상규명 및 희생자명예회복에 관한 특별법'은 두 가지 내용을 포함하고 있습니다.

첫째는 '제주4.3사건진상규명'이고, 다음은 그 결과를 토대로 해서 그 사건으로 피해를 당한 제주도민들에게 상응하는 보상을 해주기 위한 법적 근거를 마련하는 것입니다. 이 두 법률은 각각 독립적인 의미를 갖고 있습니다. 제주 4.3사건의 진상을 철저하고 정직하게 밝혀내는 일이 우선입니다. 이것은 누구도 관여할 수 없는 일입니다. 그러므로 이를 위한 소위 위원회 조직, 연구 방법, 연구 인력 확보, 연구의 자율에 대하여 보장해줄 수 있는 법적 근거를 마련하는 것이 특별법의 중요한 사항입니다. 그래서 충분히 되도록 개방된 입장에서 학문의 자유와 자율을 보장하고 이 사태의 진상을 파악하고, 그 보고서를 정부에 제출하여 검토하고, 확정된 다음에, 그 결과에 따라 이 사태로 인해서 피해를 본 제주도민들에 대해 보상하기 위한 법적 기반으로 '희생자 명예회복에 대한 특별법'을 제정하는 것이 순서입니다.

반란을 주도한 좌익세력을 희생자라고 해서야 되겠는가

이렇게 이 서로 각각 독립성을 가진 두 개의 사업을 외면하고 애초부터 '희생자 명예회복'을 위하여 진상을 규명하도록 하는 모순을 안고 법안을 만들게 된 것입니다. 더구나 두 번째 문제, 피해자에 대한 보상 문제를 '희생자 명예회복을 위한 법'이라고 했습니다. 엄밀하게 말하여 희생자라면 38선 이남에도 조선민주주의인민공화국을 이룩하기 위해서 애쓰다가 뜻을 이루지 못하였을 때에 '희생자'가 되는 것입니다. 엄밀한 의미에서 이 사건의 희생자는 반란의 주동세력으로 활동했던 좌익 세력만을 의미

합니다. 대부분 이 사건으로 죽은 사람들은 '피해자'입니다. 그리고 '명예회복'이라는 개념도 처음에는 연좌제에 의해서 사회활동이 제약을 받았던 사람들을 구제하는 의미로 제정되었는데, 어의적으로 보면 '희생자' 즉 좌익에 적극 참여하여 활동한 사람들의 명예를 되찾아준다는 개념으로 확산되었습니다. 즉 38선 이남에도 사회주의 정부를 수립하기 위해서 투쟁해서 소위'빨갱이'라고 매도당했던 사람들의 명예를 되찾아준다는 것입니다. 즉 그들의 활동 자체를 긍정적으로 평가해서 국가가 보상을 해줘야 한다는 것입니다. 법 제정의 의도가 무엇이든지 간에 현재 법률적 용어를 해석해 보면 그렇게 이해될 수밖에 없습니다.

이 법안은 이 사태로 인해서 '피해'를 당한 제주도민들에게 그에 상응하는 포상을 해줄 수 있는 법적 근거가 되어야 합니다. 그렇게 되면, 4.3기념일도 '추념일'이 아니라 '위령일'이 되어야 합니다. '추념일'이라면, 제주도 4.3반란 세력의 정신을 이어받아 계승하겠다는 의미가 포함되어 있습니다. 그러므로 '추념'은 국가의 정체성에 위배되는 일입니다. 이렇게 볼 때에 애초부터 이 법의 제정은 '희생자의 명예회복과 보상을 위해서 진상을 규명해야 한다.'는 것이므로 그 진상이 제대로 규명될 수 없습니다.

—이승만 정부나 박정희 정부 때 정부가 적극 나서서 사건의 자초지종을 밝히고 진상을 규명하여 억울한 양민에게는 위로가 될 수 있는 조처를 취했다면 오늘날 이와 같이 정치권력에 의한 역사왜곡 현상은 없을 게 아닙니까? 보수 정치인들이 무능한 겁니까, 무책임한 겁니까? 아니면 다른 사정이 있습니까?

현길언 - 당시에는 남북 관계가 긴장이 고조되어서, 좌익 집단이나 세력, 그리고 그들의 반란에 대한 인식도 '반국가적'이라는 입장으로 경직되어 있었고, 그에 따라 사태의 진상을 규명하려는 정부의 의지도 없었지 않았나 생각합니다. 더구나 이 사태가 한국의 변방 제주에서 일어났기 때문에, 중앙 정부의 관심이 미치지 못했다는 점도 생각할 수 있을 겁니다. 그런 면에서는 정부 책임도 큽니다. 즉 과거 소위 보수 정권이 사태를 안이하게 인식하였기 때문에, 이 사태로 인해 제주사람들이 당한 고통과 피해에 대해 적극적으로 관심을 갖지 않았다는 것입니다. 이것은 진영 논리를 벗어나 국가가 책임질 부분은 책임을 져야지요. 이러한 조치는 앞으로 우리의 역사에서 이러한 불행한 일이 다시는 발생하지 않기 위해서도 필요한 일입니다. 그렇게 하면서 민주주의는 성숙해 가는 것인데, 여기에 갈등과 그에 따른 고통도 크겠지요. 문제는 이러한 사태를 정치 논리로 해결하려고 한다면, 역사의 악순환이 계속될 수밖에 없다는 점을 간과하지 말아야 합니다. 부끄러운 역사, 고통스러운 역사일수록 정직하게 바라보고 치열하게 인식하려는 자세가 필요합니다. 여기에 학문의 영역이 소중하게 작용해야 합니다.

4.3 기념일도 '추념일'이 아니라 '위령일'로 해야 한다

—자유민주주의 정부를 수립하려는 5.10선거를 방해할 목적으로 일으킨 반란으로, 더 나아가서는 한반도에 조선민주주의인민공화국을 수립하려는 소련과 김일성의 구상을 실현하기 위해

서 남로당의 지령으로 일으킨 사건인데, 보고서에서는 '외세에 의한 단선정부 수립을 반대하고 미군정의 부정부패에 대한 도민의 정당한 저항으로 미화되어 있습니다. 그래서 양 측의 무력충돌과 진압과정에서 주민들이 희생당한 사건'으로 그 성격을 규정하고 있습니다. 선생님께서는 "무력충돌"이라는 용어도 그 주체의 입장을 호도하기에 적절하다고 하면서 이렇게 비판하였습니다.(정치권력과 역사왜곡, 28쪽)

"무력충돌이라면 남로당 무장대의 반란세력과 이를 진압하려는 정부의 공권력을 동등하게 인식하고 있다. 이것은 중립적인 입장에서 사태를 인식한다는 구실을 만들 수 있지만, 남로당의 '반란의 부당성'과 대한민국 정부 공권력의 '진압의 정당성'을 인정하지 않으려는 의도가 내재되어있다. 더구나 '진압 과정에서 주민들이 희생당한 사건'이라고 한정적인 규정을 하여 '진압의 부당함'을 전제로 그 과정에 나타난 반인권적 사실만으로 제주4.3사건의 본질을 규정해 버리고 있다. 이렇게 된 법조문을 전제로 하면 이 사건의 진상을 규명할 수 없음은 물론 오히려 사건을 왜곡시킬 수밖에 없게 된다."

제가 초등학교에 다닐 당시에는 "북한 인민군의 남침에 의한 6.25"라고 하였습니다. 그런데 지금은 "북한 인민군의 남침은 빠지고 그냥 6.25"라고 합니다. 그래서 6.25가 북침에서 시작되었다는 생각을 갖는 사람도 있는데, 이런 왜곡 현상이 왜 나타난다고 보십니까?

현길언 - 학교에서 우리의 현대사에 대한 교육이 잘못되었기 때문이지요. 역사 교육도 일종의 진영 논리에 갇혀 있습니다. 소위 진보주의자라는 사람들의 입장은 과거 권위주의 시대, 반공 일변도의 시대를 새롭게 바라볼 필요가 있다는 데서 우리의 현대사도 새롭게 보려고 했는데, 이것이 진영 논리에 함몰되면서, 객관적인 자료에 의한 결론보다는 부분적인 자료, 혹은 왜곡된 자료에 의해서 사실을 인식하려는 데서 '북침'이라는 주장도 나타나게 되었습니다. 과거 소련의 비밀문서가 공개되면서 그러한 주장이 허구임은 이미 확인된 사실입니다. 그런데도 아직도 억지로 북침 주장을 하면서, 전교조 교사들을 중심으로 학생들에게 역사를 왜곡되게 가르치고 있습니다. 이것은 자라나는 세대를 왜곡된 역사의 구렁텅이로 몰아넣는 반 교육적이면서 일종의 범죄행위입니다. 학교에서 역사교육은 완전히 정치 논리에 의해 비교육적으로 이뤄지고 있다는 점에서 우려되는 바가 큽니다. 우리의 역사를 잘못 이해하면 우리의 미래의 비전을 잘못 설정할 수밖에 없습니다.

전교조 교사들은 아직도 북침이라고 역사를 왜곡한다

—제주4.3 추념일을 정부에서 제정하는 일에 대해서도 문제를 제기하셨습니다. 필요하다면 왜 4월 3일로 정해야 하는가? 그것은 그 '반란의 날'을 '정의로운 봉기의 날'로 기념하기 위해서라는 오해를 가질 수 있다고 우려를 표명하고 반대 입장을 취한 것으로 알고 있습니다. 그런데 정부에서는 4.3사건을 '인권신장'과 '민주발전', '국민화합'으로 포장하여 그 정신을 계승하려는 의

도를 숨기고 특별법을 제정했다. 그런데 이 법이 사실은 위헌적 요소가 많은 반국가적인 법이다. 더구나 이 사건의 역사적 의미를 되새겨 평화와 인권을 위한 교육의 장으로 활용한다는 취지도 있을 수 없는 일이다.

대한민국 정부수립을 위한 5.10선거를 무력으로 제지하기 위하여 일으킨 반란에 대해서 '그 역사적 의미'를 되새긴다는 것이다. 남로당원들이 선거관련 업무 담당자와 경찰관서를 습격하여 치안을 맡은 경찰관을 잔인하게 테러하였고, 애초에는 경비대 9연대까지 반란에 동원하기로 계획을 세웠다는 것을 고려하면 현재의 입장에서도 반 국가적인 반란사건인데, 그 사건을 통해서 '평화와 인권을 위한 교육의 장'으로 활용하도록 법으로 제정했다. 이러한 법제정의 이면에는 미군정 하의 경찰과 정부 수립 이후에 대한민국 진압군의 작전에서 빚어진 사항들을 반인권적 처사로 규정하였기에 가능했던 것이다."라고 했습니다.

자유민주주의 대한민국에서 이러한 법 제정은 일종의 역설입니다. 그런데 이러한 법이 여야의 합의에 의해서 제정되었으니 이해할 수 없습니다.

현길언 - 이러한 법 제정이 제주도 출신 국회의원들 여야 합의에 의해 추진되었고, 당시 김대중 정부 시절에 여당이 앞장서 추진했는데, 당시로서는 현재 보수측(?)에 속한다는 야당 의원들도 우선 법제정으로 억울하게 피해를 당한 제주도민들에게 보상할 수 있는 길이 열리는 것에만 관심을 가졌고, 제정 과정에서 상당히 파격적인 조문이 들어가는 것에 대해서는 관심을 갖지 못했던 것 같습니다. 그래서 결국 당시 여당의 의도대로 소위 김대중 대통령의 의도대로 '이념의 대립으로 인한 반란'이라는 점을 뒤로 두고 '희생된 주민의 인권을 회복한다'는 점에 역점을 둔 법 제정이 이뤄진 것입니다. 당시 야당에서도 현재 특별법이 문제점을 간과하였습니다. 이러한 법이 제주도민에 이익이 된다는 결과만을 생각하였지, 역사적 사실이 왜곡될 개연성이 내포된 법이라고 생각하지 못했던 것입니다.

그래서 사건의 진실을 규명하는 것은 뒤로 두고, 진압과정이 반 인권적인 문제만을 강조하는 법 제정이 되었습니다. 더구나 그러한 법은 반란의 정당성을 인정하는 방향으로 운영될 수도 있어서 4.3의 역사적인 진실 규명에서 멀어지게 된 것입니다.

반란의 정당성을 인정하는 방향은 역사적 진실규명에서 멀어져

―도민의 가슴에 응어리져서 한이 된 이 사건 규명과 그 해결책이 경박한 인사에 의해서 추진되었다는 사실 자체가 도민을 우롱하는 처사라고 하시면서 보고서 내용으로 전개되는 여러 가지 사업에 대해서 제주사람들은 만족할지 모르지만, 제주사람들은 왜곡된 역사에 박수를 치면서 즐거워하게 되었으니 얼마나 부끄러운 일이냐고 개탄하셨는데, 이런 역사적 아이러니가 앞으로는 어떻게 될까요? 역사의 무지라고 할까, 어리석음이라고 할까, 남로당의 동조자가 되어 비극을 연출하는데 조연을 하였던 것과 크게 다르지 않는 상황이라고 하셨는데, 독자들에게는 좀 더 부연설명이 필요하겠습니다.

현길언 - 이 사건으로 피해를 당한 다수의 도민의 입장에서는 반란의 정당성이 유지되고 희생자(?)들에게 응분의 보상 조치가 이뤄진다면 좋겠지요. 그러나 따져들어가면, 반란의 정당성이라는 것이 도민의 입장에서 좋아할 문제만이 아니라는 것입니다. 반란이 정당하면, 그 사건이 '반란'이 아니라 정당한 '항쟁'이라면, 이 항쟁의 주체인 제주도민들 중에 희생자들은 모두 남로당의 한반도 전략을 지지하고 그것을 위해서 투쟁해온 남로당원이 된다는 것입니다. 이 사실을 도민들이 동의할까요? 그래서 좋아할 수 없지요. 그래서 정부보고서를 만드는데 주역을 담당한 노무현 측 집필자들은 이 사건은 이념의 대립으로 일어난 사건이 아니라, 일종의 통일운동, 외세와 불의에 대한 저항으로 일어난 도민의 의로운 봉기라는 점을 끝까지 주장하려고 합니다. 그러나 그것은 억지임이 실증적 자료에 의해서 밝혀졌습니다.

그 사건이 '반란'이 아니고 '항쟁'이라면
제주도민 희생자는 남로당원이 되고 말아

—관변자료는 진압군의 입장에서 만든 자료지만 사실에 근거한 공적문서인데, 집필진에서 신뢰하지 않은 것은 집필진과 진상규명위원회의 다수 위원이 좌파적 인사로 구성되었기 때문이라고 하였지요? 남로당 무장 반란 세력인 인민유격대의 투쟁기록도 상당히 많은 부분을 논외로 한 것도 그렇지 않습니까. 거기에는 유격대가 제주도민에 끼친 피해도 잘 나타나 있는데, 다루지 않고 지나친 것을 보면 보고서가 억지로 만들어낸 정치문서

라고 볼 수밖에 없겠지요.

현길언 - 소위 한국의 좌파들 좋게 말해서 진보적인 인사들은 어떤 사건을 바라보는데 총체적으로 이해하려 하지 않습니다. 전체를 보고서 그 사실을 규명하지 않고, 그 사건 중에서 그들의 주장과 맞는 부분만을 강조하여 확대 해석하는 것이 특징입니다. 의미 있는 사건은 시작과 중간과 종결이 통일성을 유지해야 합니다. 그래야 거기에서 역사적인 의미를 찾아낼 수 있습니다. 시작만 봐서도 안 되고 중간이나 종결만 봐서도 안 됩니다. 기승전결, 소설의 구조로 말하면 발단 전개 절정 클라이맥스 대단원의 유기체적 결합으로 이뤄져야 의미있는 작품이 되듯 말입니다. 이들이 인권 문제를 강조하는 것은 반란 당시에 남도당원에 의해서 자행된 반인간적 작태들은 다 무시하고, 그들이 폭력적으로 도민을 겁박하고 회유하고 테러한 것을 다 뒤로 두고 진압군에 의해서 진압 과정에서 나타난 반 인권적인 문제만을 문제 삼는 것입니다. 그들의 역사인식의 편향성이고, 결과는 억지를 만들어냅니다. 그래서 보고서도 억지 문서가 될 수밖에 없지요.

남로당의 테러를 뒤로 둔 채 진압군만 문제 삼아서야

—책 130쪽에서, "법 취지가 희생자의 명예회복에 있다면 발발 원인을 저항으로 인식하는 것은 모순이다. 왜냐하면 저항자는 피해자가 될 수 없기 때문이다. 그런데 보고서는 반란의 주체 층위를 고려하지 않고 반란군 측에서 활동했거나 반란군으로 몰

려 피해당한 사람 모두를 정당한 자기 결단에 의해 '저항자'로 인정하는 엄청난 오류를 범하고 있다."고 비판하셨습니다.

반란의 주체와 진압의 주체는 다르다. 사건을 일으킨 세력을 정부가 공권력을 동원해서 진압하는 것을 보고서는 부당하다고 인식하는데, 이해하기 어렵습니다. 반란 세력을 정부가 진압하는 것을 부정적으로 인식한다니, 이해하기 어렵습니다.

현길언 - 이것은 보고서의 문제이면서, 나아가서는 보고서를 주도한 세력이 대한민국의 정통성에 입각하여 4.3사건을 인식하고 있지 않다는 것입니다. 이런 시각은 현재 대한민국의 정통성을 부정하는 입장이라는 것을 엿볼 수 있습니다.

—"만약 정부가 반란 세력을 진압하지 않았다면, 그 결과는 어떻게 되었을까? 남로당의 의도대로 제주도는 그들의 해방구가 되었을 것이고, 이를 계기로 전국 지하에서 활동하던 남로당 조직들이 일어나 전국적인 반란을 획책했을 것이다. 그렇게 되었다면 38선 이남 땅에서 내전이 벌어지고, 북한의 6.25 남침을 계기로 한반도 상황은 예측할 수 없게 되었을 것이다."라고 하시면서, 이러한 관점에서 제주4.3사건을 접근할 때에 정부의 강경 진압에 대한 이해는 달라질 것이라고 하셨는데, 문재인 정부에서는 달라진 게 있습니까?

현길언 - 노무현 정부의 입장과 현재 문재인 정부의 입장이 달라지지 않았고, 오히려 더 '저항론'이나 4.3반란의 정당성을 기정사실화하려고 하고 있지요. 그것은 이 정부 이후에 일어난 대한민국역사박물관의 4.3전시의 반 역사성이나. 4.3의 정명(正名)운동이나. 4.3을 제주도의 사건에서 전국적인 사건으로 그 의미를 확산하려는 운동이 4.3사건 70주년이 되는 2018년 한 해 동안에 많은 예산을 투입해서 진행해 왔다는 것으로 확인할 수 있습니다. 이 정부의 입장은 제주4.3추념식에 참석한 대통령의 추념사를 통해서도 확인할 수 있습니다.

—보고서 집필자는 왜 이렇게 4.3사건의 정당성을 유지하려고 했는가. 4.3사건에 대한 논리가 허약하자 도민의 희생을 강조한 것으로 보입니다. 진압 작전으로 인해서 무고한 양민이 죽고 고통을 당했는데, 그 책임을 미군정과 이승만 정권이 선포한 계엄령으로 돌리고 있습니다. 그래서 이것을 더 부각시키려고 '초토화작전'이니 '학살'이라는 용어를 쓰고 있습니다. 4월 3일 미명에 무장대가 정부기관인 지서 12개소를 습격하고, 경찰관을 사살하며, 5·10선거담당자와 우익인사, 그 가족들까지 처참하게 테러한 그 폭동을 '소요사태'라고 그 의미를 축소하는 까닭이 어디에 있다고 보십니까?

현길언 - 그렇습니다. 발발 원인과 그 현장과 그 과정에 나타난 제주도의 사태와 치안상황을 무시하고, 1948년 가을부터 시작된 강경진압 작전으로 빚어진 사태만을 강조하고 있습니다. 왜 1948년 가을에 진압작전이 강경해졌는가 하는 것도 검토할 부분이 많습니다. 가을로 접어들면서 남로당 군사부는 무장 세력을 재정비하고 인민군대로 선전포고를 하는 등 남로당 측에서도 새로운 국면을 시도했던 일과 무관하지 않습니다. 이러한 여러 사항들을 종합적으로 판단하지 않고, 강경진압으로 나타난 주민의 피해를 강조함으로, 4.3의 정당성을 확보하려는 것입니다.

—대한민국 국민은 누구나 다 인식해야 할 내용이 책 207쪽에서 208쪽까지 나와 있습니다. 중요 부분만 발췌 요약해 보겠습니다. "이 보고서는 정치 문서이지 역사적 실체를 규명하는 역사서가 아니다. 그 내용은 미 군정 정책을 편향적으로 인식함으로 보고서가 역사의 실체를 규명하지 못하고, 민족감정을 배설하는 역사적 에세이가 되었다. 보고서는 과거의 역사를 오늘의 입장에서 바라보는 역사 감상문이 아니다. 특히 정부 기관에서 역사의 실체를 밝히기 위한 보고서는 대한민국 정부가 이 땅 위에 존재하는 이상 누구나 믿을 수 있는 합리성과 객관성을 바탕으로 만들어진 역사문서가 되어야 한다.

어느 한 정권의 입맛에 맞게 만들어지거나 당시 그 일을 맡았던 사람들의 정치적 이해에 맞게 만들어져서는 안 된다. 그렇다면, 미 군정 체제에서 새로운 국가 건설을 반대하기 위해서 일으킨 반란에 대해서 어떻게 인식할 것인가? 역사적 실체를 규명하기 위해서는 1948년 5월로 돌아가서 4.3사건을 생각해야 한다. 그런데 보고서는 2000년 소위 민주화운동 세력에 의해서 쟁취된 정권에서, 그동안 4.3사건의 상처를 안고 살아온 제주도민의 한을 풀어주기 위해 보고서를 작성했다.

보고서는 4.3의 역사적 실체보다는 피해를 입은 도민의 피해를 보상해 줄 수 있는 근거를 마련하는 방향으로 만들어야 한다는 것이 새삼 강조되었다. 4.3의 역사적 실체를 규명하는 것은 잠시 유보해야 한다는 것이다.…유엔은 남쪽에 유엔 감시하에 민주적인 절차에 의해 새 정부를 수립하기 위한 제헌국회의원을 선출하는 선거를 실시하도록 정치 일정이 마련되어 있다. 그런데 남로당은 이러한 국가 건설 사업을 적극적으로 방해하려고 하였다.

그 세력을 대신해서 제주도에서 무장 반란이 일어났다. 그들의 슬로건은 정부수립을 위한 5·10선거 거부였다. 미군정으로서는 응당 선거를 예정대로 치러서 남한 정부수립 일정이 차질 없이 이행되도록 해야 한다. 우리에게도 시급한 정치 사안이었다. 그런 상황에서 4.3 반란사건이 일어났다. 미 군정으로서는 반란군을 단시일에 진압하는 수밖에 없었다. 그런데 9연대 김익렬 연대장은 무장대 진압에 소극적이었다. 북제주 선거구는 투표인 미달로 선거가 무효화되었다."

여기에서 분명한 것은 남로당의 5.10선거 거부가 반란의 목적이고, 이것은 남한에서 유엔 감시하의 민주적 절차에 의한 정부수립을 용납하지 않으려는 소련의 한반도 전략에서 비롯된 것임에 틀림없습니다. 그러므로 미군정이나 새로 탄생한 대한민국으로서는 이들 세력을 강경 진압할 수밖에 없는데, 그 과정에서 반인권적인 사태가 많이 발생했다는 것입니다.

입산무장대는 '제주도인민유격대'에서 '인민군대'로 명칭 변경

현길언 - 제주도 4.3반란은 남로당의 한반도 전략에서 하나의 시험이라고 생각할 수 있습니다. 남로당은 해방 공간에서 38선 이남에서 세력을 확장하기 위해서 다양한 투쟁(그들의 입장)을 벌입니다. 그리고 비밀조직을 사회 각계각층에 침투시켜 놓았습니다. 표면적으로는 미군정에 의해서 불법 정당으로 활동할 수 없고 체포령이 내리자 박헌영 이하 지도부들은 이북으로 철수했습니다. 그러면서 계속하여 남한에 상존하고 있는 남로당 세력을 지도하고 있었습니다. 그 동안 무력 투쟁이 실패했는데, 제주도에서는 성공했습니다. 그것은 3개의 선거구 중에 2개의 선거구가 남로당의 전략에 의한 선거거부 투쟁이 성공하게 된 것입니다. 이 사태는 남로당으로서는 큰 기대를 갖게 합니다. 그래서 제주 반란의 실질적인 책임자인 김달삼이 해주인민대회장에서 장시간에 걸친 제주 4.3투쟁 성과를 보고하였고, 그가 주석단의 일원으로 선출되었을 뿐만 아니라. 제주도에서 간 선거인단 6명이 모두 조선민주주의인민공화국 남측 대의원 (국회의원)으로 선출되었습니다. 이것은 1차로 제주 반란의 성공적인 투쟁임을 인정한 것입니다. 그래서 입산무장대는 1948년 가을에 '제주인민유격대'가 '인민군대'로 명칭이 변경됩니다. 이러한 상황에서 정부 수립 이전에는 남로당의 반란 활동을 하나의 치안상황으로 인식하여 경찰이 진압해 왔는데, 대한민국 정부가 수립되면서 국가에 대한 반란으로 인식하고 군이 진압작전에 적극 참여하게 됩니다.

—마지막으로 보고서에 대해서 여쭙겠습니다. 책 246쪽과

248쪽, 그리고 258쪽 이후에 있는 내용입니다. 제주4.3사건 강경 진압의 배경에 개인 이승만이 정치적인 입지를 확보하려는 정략적인 의도가 많이 작용했다고 보고서는 주장하는데, 논지 자체가 유치하기 그지없습니다. 대한민국 초대 대통령으로서 국군 통수권을 갖고 국가와 국민의 안위를 책임진 공인이 노심초사하는 처지에 그게 말이 되겠습니까?

군대 내에 상존하고 있는 남로당 프락치를 색출하고, 군사력을 강화하기 위하여 미국의 도움을 받기 위한 정책은 새로 태어난 민주국가 대통령으로서 마땅히 취해야 할 정책이 아니겠습니까?

사건의 진상을 밝힌 역사가 아니라 정치입지 강화한 정치문서

현길언 - 보고서 작성자의 입장은 이렇습니다. 제주4.3사건은 "제주도민이 분단을 획책하는 단선단정, 외세에 대한 저항이며, 당시 미군정하의 부정부패에 대한 도민의 정당한 저항인데, 미군정 하의 경찰이 과잉 진압하면서 사건이 확대되었다. 이승만이 초대 대통령이 되면서 미국의 사주를 받고 더욱 강경하게 진압함으로 제주도민이 많이 희생되었다. 그러므로 제주 4.3사건에 대한 책임은 이승만과 그를 조종한 미국에 있다."

이러한 논지에 맞는 자료를 선별하고, 심지어는 자료를 왜곡하면서 위의 주장을 억지로 합리화하려 했기 때문에, 역사적인 진실과는 거리가 먼 보고서가 되었습니다. 그래서 '사건의 진상을 밝힌 역사서가 아니라. 정치적 입장을 강화하고 정당화하기 위한 정치 문서'가 되었던 것입니다.

―책을 읽는 동안에 줄곧 남로당이라는 독소, 그 바이러스를 떠올리곤 했습니다. 공산주의라는 사상이 뭐기에 한마을에 형제처럼 다정하게 지내며 살던 친구도 총으로, 창으로, 칼로, 도끼로 살해했다는 사실에서 마르크스의 정반합(正反合) 투쟁이론, 이유 없는 미움을 들끓게 하는 살상의 철학을 생각하기도 합니다. 책(정치권력과 역사왜곡) 끝에 수록된 현길언 선생님의 자전소설도 읽었는데, 남로당, 공산주의 바이러스가 침투하면 왜 그렇게 갑자기 변하는지 말씀해 주시겠습니까?

현길언 - 공산주의는 민족주의를 거부합니다. 제주의 전통적인 문화의 근저가 되는 친족 공동체 의식, 마을공동체 의식이 제주 4.3으로 인해서 파괴되어 버렸습니다. 남로당의 투쟁을 위해서는 적과 동지가 확연히 구분되어야 하고, 적이면 형제 친구 이웃도 테러 대상이 됩니다. 어느 한 때에 우리는 민족통일을 가장 선한 가치로 인식하고 있지만, 그것은 오히려 공산주의와 역행하는 것이며, 북한의 3대 세습체제와도 상충됩니다. '우리민족끼리'는 하나의 전략에 불과합니다. 북한 사회에서 친족공동체, 마을공동체가 옛날처럼 유지되고 있는지 의심됩니다. 그런데 정치 사회 변동기에 이러한 공산주의 사상이 대중을 설득하는데 매우 유효할 수 있습니다. 해방 직후에 38선 이남에서도 공산주의 세력이 자유민주주의 세력보다 강했습니다. 그런 가운데 자유민주주의와 시장 경제를 근간으로 하는 정부가 탄생했다는 것은 기적입니다.

─4.3사건에 대한 신문의 반응은 제각각이요 두루뭉수리입니다. 대부분 "국방부와 경찰이 '제주4.3사건'과 관련해 71년 만에 공식 사과했다."고 하면서 "제주4.3특별법의 정신을 존중하며 진압과정에서 제주도민들이 희생된 것에 대해 깊은 유감과 애도를 표한다."고 밝혔습니다. 그런데 신문 중에는 "'제주4.3무죄'라는 헤드라인이 걸립니다. '제주4.3무죄'면 남로당의 범죄행위도 무죄란 말인가. 아무래도 '제주4.3무죄가 마음에 걸리는데 어떻게 생각하십니까?

중앙일보(2019. 4. 4) 기사 제목은 「국방부, 제주4.3진압과정 도민들 희생에 깊은 애도」였고, 동아일보(2019. 4. 4) 제목은 「"4.3비극 다시는 없게…" 군경 첫 사과」였으며, 세계일보(2019. 4. 3) 제목은 「'제주4.3' 72년 만에… 국방부, 첫 유감표명한다」였습니다. 기사 내용 중에는 "제주4.3은 1947년 3·1절 발포사건을 기점으로 1954년9월 21일 한라산 통행금지령이 해제될 때까지 7년 7개월 동안 제주에서 발생한 무력충돌과 군경의 진압과정에서 수많은 양민이 희생된 사건이다."라고 비교적 소상히 기록되어있으나 남로당의 선거거부에 대한 기사는 어느 신문에도 볼 수 없었습니다.

한겨레신문 사설(2019. 1. 18)은 「70년만의 '제주4.3' 무죄, 이젠 특별법 속도 내야」라는 제목 아래 실린 기사 중에는 "…뒤늦게나마 사법기관 스스로 잘못을 바로잡은 것은 다행이지만 이것만으론 부족하다. 나머지 생존자는 물론 이미 세상을 뜬 희생자들의 억울함을 풀기 위해선 국회에 묶여있는 특별법을 통과시켜야 한다. 당시 불법수감자들의 재판을 무효로 하고 희생자들에 대한

명예회복과 보상이 뒤따라야 온전한 치유가 가능해질 것이다."

두루뭉수리하게 "제주4.3무죄"라는 말 속에는 옥석구분없이 싸잡혀 있어서 문제라고 여겨지는데, 현길언 교수께서는 어떻게 보십니까? 신문에는 원인자인 남로당의 자초지종이 전혀 없던데요.

역사적 실체를 제대로 밝혀야 하고, 추념 위령 보상 평가해야

현길언 - 그래서 역사적 실체에 대한 이해가 필요하다는 것입니다. 이들 언론은 아마 정부보고서만 가지고 기사를 만들었을 것입니다. 제주4.3사건도 마치 시사적 유행처럼 인식하고 있습니다. 참 걱정스러운 일이지요. 역사적 실체를 정립하는 일은 좌나 우가 따로 없고, 진보나 보수가 따로 없습니다. 역사적 실체는 '팩트'에 더 가까이 다가가야 합니다. 그것은 변할 수 없는 '실체'입니다. 그런데 그것을 정치이념의 도구로 왜곡한다면 그것이야말로 역사의 죄인이 되는 것이지요.

—마지막으로 책 279쪽의 글을 살펴보겠습니다. "잘못된 진상보고서가 몰고 올 또 다른 피해에 대한 자기 성찰이 전혀 이루어지지 않았다. 이러한 문제는 이 보고서가 철저하게 지향하는 목적을 가진 정치 문서이며, 그렇기에 한계를 가지고 있다는 점을 스스로 입증하고 있다. 그렇다면 길은 없는가."라고 물음을 던지면서 "4.3사건 진압 과정에서 발생한 반인권적 사태 때문에 이 사건의 발발을 정당화할 수는 없다. 반면에 이 사건이 반국가적 반란이라 하더라도 이를 진압하는 과정에서 야기된 반인권적 사

태 또한 정당화할 수는 없다."고 하면서 "이것이 이 4.3사건을 인식하고 그 아픔을 치유하는 대전제가 되어야 한다."고 하셨는데, 이 전범에 버금가는 말씀으로 마무리해 주시기 바랍니다.

현길언 - 역사적 실체를 제대로 밝혀야 하고, 그것을 토대로, 추념을 하고, 위령을 하고, 보상을 하고, 평가를 해야 합니다. 팩트를 무시한 제주4.3 진상규명은 무의미하고, 또 하나의 새로운 허위를 양산하는 결과를 가져오게 됩니다. 그 대가는 우리 후세가 치러야 하는데 그것은 말할 수 없을 만큼 고통이 뒤따릅니다. 역사적 피해가 심하게 된다는 것입니다. 역사는 과거이지만 신도 바꿀 수 없는 절대부동의 사건입니다. 그것을 평가하고 해석하는 것은 세계관이나 이념에 따라 다를 수 있습니다. 예를 들면, 이 사건에 대한 가치 판단은 자유롭게 할 수 있습니다. 즉 제주 남로당의 반란인 이 사건은 정당하다고 말할 수 있습니다. 그것은 박헌영의 입장이나 남로당의 입장이나 좌익적 시각에서 통일을 생각하는 인사들은 이렇게 평가할 수 있습니다. 그것은 자유입니다. 그러나 이 사건을 '제주도민의 정의로운 저항'이라고 하는 것은 팩트를 왜곡한 것이므로 경계해야 할 문제입니다. 여기에서 사건의 진상규명과 가치 평가는 각각 다른 영역입니다. 가치 평가를 앞세워 진상을 밝히려면 역사는 왜곡될 수밖에 없습니다.

—장시간 감사합니다.

현길언 (玄吉彦)

1940년 제주 생. 소설가, 국문학자.
한양대 대학원 졸업(문학박사). 제주대 교수, 한양대 교수.
단편소설 「城 무너지는 소리(현대문학, 1979. 7)」
「급장선거(현대문학, 80. 6)」등으로 추천을 받고 등단,
인간의 삶을 억압하는 폭력으로서의 이데올로기 문제를
드러내어 역사의 허구성에 대한 개인의 존엄성과 진실성을
추구하고, 한국근대사의 비극적인 국면을 성찰해 왔다.
저서로『제주도 장수설화』, 소설집『龍馬의 꿈』『얼굴 없는 목소리』등이 있다.
녹원문학상, 제주도 문화상 등 수상.

자유와 평등사상과 현실

이 글은 지난 9월 12일 황송문 주간(문학사계)이 임헌영 민족문제연구소 소장과 인터뷰한 내용이다. 강대국에 둘러싸인 한반도에 다가오는 먹구름에 어떻게 대처해야 할지 지혜를 모아 보았다. 독자의 애독을 바란다.
　　　　　　　　　　　　　　　　　　　　　　　　　－편집자 주－

　―국제정세나 국내정세나 심각하게 돌아갑니다. 나날이 불안과 공포가 짙어지고 있습니다. 이럴 때일수록 제정신을 차리고 바르게 깨달아야 하겠습니다. 등산을 하다가 문득, 떠오른 생각인데, 능선에 오르게 되면 양쪽을 다 볼 수 있어서 좋다는 생각이 들었습니다. 상징적인 예를 들었습니다만, 오늘 우리는 진보 좌익도 볼 수 있고, 보수 우익도 볼 수 있었으면 좋겠습니다. 그리고 그 둘 다 잊고 살았으면 더 좋겠습니다.

불교정전 수행(修行)편에는 "심지(心地)는 원래 요란함이 없지만 경계(境界)를 따라 있어지나니 그 요란함을 없게 하는 것으로써 자성(自性)의 정(定)을 세우자."는 말이 있습니다. 인간이 태어날 때는 요란함이 없는데, 경계에 따라서 그게 생겨나니 우리는 요란함이나 경계가 없는 무념무상(無念無想)에서 얘기를 나누고 또 깊여갔으면 좋겠습니다.

유럽에서는 진보 쪽 국가 원수가 보수의 장점을 과감히 활용하기도 하고, 또 보수가 진보 쪽 장점을 활용하기도 하던데 우리나라는 왜 그게 안 되는지 모르겠습니다. 너무도 꽉 막혀있습니다.

제가 요즘 임헌영 교수께서 대담하신 '한 지식인의 삶과 사상' 『대화』를 읽었습니다. 민족문제연구소 소장으로 계시지만, 대학에도 계시니 편의상 교수로 부르겠습니다. 『대화』746쪽이나 되는 두꺼운 책을 읽으면서 떠오르는 생각이 많았는데, 우선 '깊이갈이'와 '객토(客土)' 생각이 났습니다. 한 지식인의 삶과 사상을 접하면서 마치 농부처럼 쟁기를 세워서 생땅을 파헤쳐 깊이갈이를 해야겠다는 생각이 들었고, 또 객토를 열심히 해서 제가 모르는 세계를 섭렵해야겠다는 생각도 들었습니다.

이질적으로 보이는 사상들을 하나의 커다란 용광로처럼

특히 제가 관심을 갖게 된 곳은, 467쪽에 나오는 말인데, 임헌영 교수께서 장일순 선생님과의 관계를 묻자 리영희 교수께서는 이렇게 말씀하셨습니다.

"…내가 일면적이고 평면적인 사고나 사상과 정서로 인간적 포용력을 못 가진 데 비하여, 그분은 다면적이고 복합적이고도 중층적이면서 아무 모순 없이 이질적으로 보이는 제반 사상들을 하나의 커다란 용광로처럼 나가는 분이었어요. 그 인간의 크기에 압도되지.”

임헌영 교수께서 다시 질문하시기를, 흔히 장일순 선생 하면 노장사상과 사회적인 식견까지 갖춘 분으로 얘기합니다. “가톨릭·노장사상·사회의식이 조화된 분이라고 알고 있지요.” 이 말 끝에 리영희 교수는 “그뿐만 아니라 불교도 깊었어요. 오히려 그분의 생활양식은 노자적이면서 불교적이고, 오히려 비기독교적이라고 볼 수 있었어요. 그분의 생활양식은 가톨릭의 규율이나 범주에는 전혀 매이지 않았어. 어느 이념이나 종파에도 매이지 않기 때문에 모든 것을 포용할 수 있었다고 봅니다.” 이렇게 말씀하셨는데, 그런 분을 사표로 해서 어둠을 헤쳐나아가야 하지 않겠습니까? 이 나라 현실을 보게 될 때 더욱 그런 생각이 듭니다만…

임헌영 - 황 교수님께서 〈대화〉를 정독하시고, 이를 화두로 삼아주셔서 대단히 감사합니다. 그런데 첫 화두에서 너무 여러 문제를 제기하시는군요. 우선 오늘의 국제정세에 대해서 저는 20세기 후반기 이후 지구 위의 모든 분쟁의 불씨는 구미 제국주의 세력의 책임이 크다는 입장입니다. 물론 일부에서는 지역적, 인종적, 종교적 갈등이 강하지만, 그것조차도 그들의 이해관계에 따라 조장되고 있음을 간과할 수 없다고 봅니다.

그런데 그 제국주의 세력을 한마디로 축약하면 '백인 기독교

선민의식'에 바탕하고 있지요. 물론 기독교 안에서도 세계평화와 자유 평등의 가치를 위한 신앙을 실현하고자 노력하고 있는 많은 존경할만한 신앙인이 있지만 그렇지 않은 신자들, 인종 편견과 후진 약소국에 대한 차별의식, 다른 이념이나 종교에 대한 편견 등등이 공공연하게 자행되고 있는데, 이게 미국식 보수주의의 근본을 이루고 있어서 인류를 불안에 떨게 하지요.

그런데 우익이란 근본적으로 국수주의적이라서 자기 나라나 민족의 이익만을 위해서 남의 나라나 인류의 문제, 예컨대 호혜 평등이나 환경 생태계 보존 등등은 전혀 고려하지 않는 정서를 갖고 있습니다. 현재 미국이 취하고 있는 일련의 무역전쟁이나, 한반도와 아시아, 중동과 아프리카, 중남미 등에 대한 각종 위협적인 외교정책은 그 좋은 본보기들로, 유럽의 양심적이고 기본적인 휴머니즘의 이념을 지키는 우익과는 달리 약탈적인 극우라 하겠습니다. 미국이 취하고 있는 자국우선주의는 심하게 말하면 게르만 우월주의가 저질렀던 죄악을 연상할 만큼 섬뜩합니다.

나는 한국에서 우익이라고 부를 수 있는 세력이라면 우선 최소한 유럽의 보수주의가 지닌 인간주의의 기본 가치인 민족국가에 대한 자긍심 위에 반독재, 반부패, 자유민주주의와 정의사회 실현이라는 공정한 인도적인 윤리의식을 갖춰야 한다고 봅니다. 이런 인간존재의 기본적인 가치를 부정하는 건 민주국가의 국민적인 자질이 없다고 봅니다.

장일순 선생의 예를 참 잘 들어 주었습니다. 그런 기독교 신자라면 얼마나 좋겠습니까.

인간의 행복 추구의 실천적 순서로서는
'자유'가 '평등' 앞에 있다

　—임헌영 교수의 '자유'에 대한 질문에 리영희 교수는 명쾌하
게 갈파했습니다. 523쪽 한 단락을 그대로 옮겨보겠습니다. "…
자유와 평등은 동등하고 동격의 가치를 지닌 요소이지만, 집단
적 인간의 행복 추구의 실천적 순서로서는 '자유'가 '평등' 앞에
있다는 사실입니다. 가까이 인류의 근현대사에 점철된 수많은
봉기·민란·폭동·반란·혁명·민족해방 전쟁 등에서 우리는 목표
추구의 질적 무게는 같지만, 목적 달성의 선후 또는 완급에서는
'자유'가 평등보다 앞섰다는 많은 실례를 정확히 평가하고 인식
해야 하리라 생각합니다.
　자유는 '인간' 생명체의 원초적 본성이고, 평등은 개개인의 집
단적 생존이 형성된 뒤에 생명이 요구하는 '추후적·사회적 조건'
이라고 생각해요. 이것이 임형이 고민하는 물음에 대한 답이 될
수 있는지 모르겠구만. 현실 공산주의가 자본주의에 패한 이유
중의 하나가 이것이라 생각합니다. 진정한 자유는 진정한 평등
으로만 가능하지만, 현실적·사회적 생존차원에서는 개개인에게
가치 있는 것은 자유가 먼저이고 다음에 평등을 욕망하게 되니
까요."
　저는 이 글을 감명 깊게 읽었습니다. 저는 이 글을 읽으면서 리
영희 교수가 훌륭한 학자라는 점을 확인하게 되었습니다. 한 치
앞도 내다볼 수 없는 안개 낀 형국에서 실마리를 찾을 수 있지
않을까 하는 색각이 들었습니다. 아까 장일순 선생님 말씀을 하

셨는데, 그분은 가톨릭인 데도 노장사상이나 불교 할 것 없이 경계가 없는 분이지요. 지금 세태를 보면 기울어진 운동장에서 '자유'는 방종으로 흐르거나 폐기처분되려하고, '평등'은 너무나도 억지로 옹호하려고 하는 흐름이 보이는데, 이런 언밸런스를 타개하여 균형을 잡아야 하지 않겠습니까?

특히 리영희 교수가 말한 "자유와 평등은 동등하고 동격의 가치를 지닌 요소이지만, 집단적 인간의 행복 추구의 실천적 순서로서는 '자유'가 '평등' 앞에 있다."는 명제와 관련해서 말씀해 주시기 바랍니다.

임헌영 – 말을 더 보탤 필요가 없을 것 같습니다만 이런 건 굳이 따질 필요도 없다고 봅니다. 자유하려면 평등해야 되고, 평등하려면 자유로워야 하겠지요.

—문학예술 쪽으로 좀 틀어서 전이를 꾀한다면, 가령 이렇게 말할 수도 있겠습니다. 시를 왜 쓰느냐고 묻는다면, 쓰고 싶어서 쓴다고 대답하겠지요. 왜 시를 쓰고 싶은가 하고 다시 묻는다면 글쎄요. 조물주건 창조주건 하느님이건 신(神)이건 무엇인지는 모르지만 아무튼 나를 존재하게 한 그 제일원인적인 존재가 있어서 그 창조성을 이어받았기 때문에 시를 쓰고 싶은 충동이 일지 않겠는가, 하고 유추할 수 있겠습니다.

창조성을 이어받았기 때문에 시를 쓰고 싶은 충동이 일지 않는가

태초라고 말하는데, 아무튼 그 원인적 에너지의 본체인 신이 인간을 창조할 때 시를 쓰고 싶거나 예술 행위를 하고자하는 그 창조행위를 하고자하는 창조성을 부여했기 때문에 사람은 시를 쓰고 싶은 충동이 일어나는 것이 아닌가 하는 논리적 추론이 가능하지 않겠습니까? 이것이 바로 본성의 발로가 아니겠습니까. 그러니까 시를 쓰고자할 때의 그 본성은 리영희 교수께서 말한 본연의 '자유'의 개념과 통하지 않겠습니까.

리영희 교수께서도 "자유는 '인간' 생명체의 원초적 본성이고, 평등은 개개인의 집단적 생존이 형성된 뒤에 생명이 요구하는 '추후적·사회적 조건'이라고" 생각한다고 아주 명쾌하게 가름하여 말씀하셨습니다. 그 다음으로 얘기되는 '평등'은 인간은 사회적 존재니까 행복한 삶을 위해서는 간과할 수 없겠지요. 그래서 인간의 순수한 본성을 선행 요소로 보고, 사회 참여적 요소인 '평등'은 그 다음으로 가름한다고 볼 수 있지 않겠습니까?

임헌영 - 자유의 소중함을 강조하고 싶어서 자꾸 거론하시는데, 엄격히 따져보면 루소의 주장처럼 인간은 태어나면서 자유를 확보한 것이 아니라 평등하게 태어났다는 게 자연과 우주의 섭리입니다. 이를 불평등하게 만든 범죄자가 바로 지배세력의 이기심이었지요. 금수저 흙수저도 그 산물이지요. 이를 바로 잡으려면 자유가 바탕이 되어야 합니다. 그 자유를 박탈한 것이 한국의 친일 매국 독재세력이었습니다.

―이 책에서 느낀 게 있는데, 그것은 아무리 진실한 학자라도

신이 아닌 이상 빛과 그늘을 공평하게 두루 볼 수 없다는 사실입니다. 이 책은 반미친중(反美親中) 의식이 깔려있습니다. 북한 김일성과 중국 모택동은 6.25전쟁으로 70년이 지나도록 아물지 않은 상처를 남겼습니다. 521쪽에 있는 리영희 교수의 말씀을 좀 더 살펴보겠습니다.

"나는 해방된 날부터 6.25전쟁을 거치면서 일본 식민지의 제도적·인간적 잔재를 청산하거나 처단하지 못한 것이 한국사회의 결정적인 문제점이라고 생각합니다. 이러한 인물들이 지배하는 사회로서의 한국, 거기에 몰입되어버린 미국식 자본주의의 이기주의·배금사상·물질주의·소비와 사치주의적 생존 양식, 이런 것들이 합쳐진 한국의 생존조건들은 부정되어야 한다고 생각했어요.

그 사회의 표현인 인간소외와 다윈의 적자생존이론에 바탕한 무한경쟁주의 등을 거부하는 사회주의적 인간생활 양식과 사회구조를 생각했지요. 그러나 폐해가 심각한 소련식 공산주의는 미국식 자본주의와 다름없는 부정적 성격과 실상 때문에 역시 거부되어야 한다고 보았어. 이때쯤에 이르러서는 모택동의 중국혁명이 지향하는 '제3의 생존양식'에 기대를 걸어보기도 했어."

이 말의 끝에는 "자본주의적 요소를 결한 사회주의도, 사회주의적 요소를 결한 자본주의도 마찬가지로 비인간적 제도라는 신념이 굳어졌어요. 인류의 한 발달단계로서는 부족한대로 '북구라파식 사회민주주의'가 현실적 선택이라고 생각했지."라고 피력했습니다. 그렇게 되려면 대한민국 국민이 성숙해야 되겠지요.

제가 어렸을 때는 모두 배고파했습니다. 들녘에서는 점심 때가 되면 밥을 먹다가도 지나가는 행객을 불러서 밥을 대접합니다.

배고픈 시절이라 모르는 사람도 불러서 먹여 보내었습니다. 그런데 요즘 돈을 많이 받는 귀족노동자는 비정규직에 자기 고봉밥을 덜어주려고 하기는커녕 비정규직을 더욱 어렵게 하고 있습니다. 탐욕의 면에 있어서는 마르크스 시대의 자본가나 오늘날의 귀족 노동자나 어떤 차이가 있습니까? 기독성서에 "욕심이 잉태한즉 죄를 낳고, 죄가 장성한즉 사망을 낳느니라." 했는데, 동서고금을 막론하고 욕심이 죄를 낳고 또 사망에 이르는 것은 부자나 빈자나 그런 요소는 다 지니고 있는 게 아닙니까?

미국은 분단 한국도 그들의 반소, 반중 기지로 만들기 위해 친일세력을 옹호했다

임헌영 - 근대 개화기 이후 미국이 우리나라에 행한 역사적인 기록들, 예를 들면 가쓰라-태프트밀약을 비롯한 여러 사례들을 민족사적인 관점으로 보면 결코 미국에 대하여 호의적일 수 없습니다. 물론 일부 양심적인 미국인들도 많아서 우리 민족의 독립투쟁에 도움을 주기도 했지만 이미 미국의 집권세력은 일본의 조선 침략을 인정했으며, 다만 태평양전쟁 발발부터 대일 적대감으로 돌아섰지만, 8.15직후부터 바로 미일안보조약을 기본으로 찰떡 같이 한 편이 되어, 반소, 반중 맹방이 되었고, 한반도는 그 방패막이 구실을 하도록 했지요. 그래서 미국은 분단 한국도 그들의 반소, 반중 기지로 만들기 위해 친일 독재 세력을 옹호했습니다.

어렸을 때 배가 고팠다는 등의 감성적인 접근으로 미국이 준

잉여농산물 원조나 경제개발을 거론하지만 그게 다 미국의 이익을 위한 기본 정책의 소산이지 우리 민족의 민주화나 통일을 위한 것은 아니라고 봅니다. 리영희 선생이나 저는 '반미'라기보다는 세계 어느 나라든 그 나라보다는 우리나라가, 우리 민족이 더 소중하다고 생각하는 겁니다. 우리 민족에게 이득이 되려면 어떻게 해야 되느냐는 걸 고민합니다.

—리영희 교수께서는 "다윈의 적자행동이론에 바탕한 무한경쟁주의 등을 거부하는 사회주의적 인간생활 양식과 사회구조를 생각했다."고 하셨습니다. 불교에서는 '욕망' 그 자체를 죄악시합니다. 그러나 일반적으로는 욕망 그 자체는 죄악이 아니라고 봅니다. 욕망 자체가 없다면 의욕도 희망도 없을 테니까요. 다만 선으로 가는 욕망을 장려해야겠지요. 자기 욕심만 차리는 이기주의 욕망은 좋을 리가 없지요. 다윈의 적자생존 말이 나왔는데, 무신론에서는 그 말이 통용되겠지만 유신론에서는 대세가 아닙니다.

다윈의 진화론도 문제가 있다고 봅니다. 원숭이가 도구라는 물질을 사용하다 보니까 두뇌가 발달하여 고등동물인 인간이 되었다고 보는 학설이지요. 그래서 그 무신론 철학은 인간의 사회적 노동을 강조하는데, 이 이론은 종교(기독교)와 상치됩니다. 기독교는 원래 신(하느님)이 인간을 창조했기 때문에 신성(神性)을 지닌 인간은 처음부터 존엄한 존재라고 말합니다.

그러나 다윈이나 마르크스는 그렇게 보지 않습니다. 원숭이가 도구라는 물질로 두뇌가 발달하여 고등동물인 인간으로 진화 발전하였기 때문에 사회적 노동이라든지, 인간의 행복을 위한 혁명 투쟁에 동참하지 않는 반동분자는 인간으로 진화한 상태가 아니고 동물의 상태에 머물러 있기 때문에 아무리 살해해도 죄가 되지 않는다고 여기기 때문에 인간의 생명을 파리 목숨처럼 우습게 보는 거지요. 소련공산주의자신조 제10항에는 "어떠한 행위 예컨대 살인이나 양친을 밀고하는 행위도 공산주의 목적에 도움이 되면 정당화된다."고 되어있습니다. 원래 신이 인간을 창조했다는 유신론에서는 있을 수 없는 일입니다.

결국은 원래 신이 인간을 창조했다는 유신론과 동물이 도구(물질)를 통해서 고등동물로 진화했다는 무신론의 대결이 되겠습니다. 그런데 합리성과 실증성을 본질로 하는 학문에 종교가 밀릴 수밖에 없습니다. 기독교가 어떻게 무슨 방법으로 신의 존재를 합리적이고 실증적으로 해명할 수 있는 이론을 펼 수 있겠습니까. 그런데 마르크스 이론을 학술적으로 주창하던 소련을 비롯하여 공산주의는 종명(終命)을 고했습니다.

그런데 우리나라에서는 이미 실패한 이념의 부스러기라고 할까, 시대 늦은 이념에서 벗어나지 못하는 이들이 있다고 보는데, 종교나 과학이나 학문이나 예술이나 진보나 보수나 좌익이나 우익이나 할 것 없이 한 약탕관에서 펄펄 끓어 제켜서 세계가 부러워하는 대한민국으로 거듭나는 길은 없을까요? 나야 살만큼 살았지만 자식, 손자들을 생각하면 편하게 눈을 감을 것 같지 않습니다. 무리한 주문이지만, 고견을 듣고 싶습니다.

임헌영 - 이런 문제로는 별로 왈가왈부하고 싶지 않습니다. 기독교가 세상을 지배했던 중세가 인류 역사에서 가장 살기 좋았습니까? 르네상스는 왜 일어났고, 종교개혁과 부르주아혁명, 프롤레타리아혁명은 왜 발생했습니까? 그리고 과학문명은 왜 발전하고 있습니까?

지금 인류가 이룩한 이 모든 걸 다 무로 돌리고 도로 오직 신만을 믿던 중세로 돌아가자는 것입니까?

—리영희 선생께서는 해방 후 미군과 미군정, 기독교에 대해서 아주 못마땅하게 여기는 것 같습니다. 그리고 이승만 정권의 정치폭력, 사회적 타락에 등을 돌리고 무신론사상, 유물론적 인생관과 세계관을 갖게 되었다고 하셨습니다. 한국 사회의 부패와 빈부격차, 광적인 반공주의와 극우의 폭력주의를 옹호하는 한국 기독교에 대해서 반감을 갖게 되었다고 하셨는데, 저는 일부 수긍하면서도 단선적인 사고라고 말하지 않을 수 없습니다.

우선 싸움이 벌어졌을 때 그 진위를 가리는 데는 먼저 침략한 자가 잘못입니다. 북한 김일성이 1950년 소련탱크를 앞세우고 남한을 침략해서 부산 턱밑, 낙동강까지 밀고 내려왔습니다. 해방 후 6.25직전에는 어땠습니까? 북한 비밀경찰이 평양의 목사들, 기독교인들을 잡아다 죽이지 않았습니까? 소련과 중국을 업은 막강한 공산 세력을 막아내기 위해서 반공을 국시로 삼고, 한·미군사동맹을 맺지 않았습니까? 그렇게 하지 않았다면 오늘 같은 대한민국이 존재하겠습니까?

민족 주체성에 입각한 독립투사들이 지배세력이었다면

임헌영 - 유럽에서는 전쟁범죄국가였던 독일이 분단당했는데, 왜 아시아에서는 전쟁을 일으킨 일본은 멀쩡하고 식민지였던 우리가 억울하게 분단되었습니까? 역사를 더 근원적으로 살펴야 합니다. 분단이 없었으면 6.25는 없지요. 친미-친일 정권이 아닌 민족 주체성에 입각한 독립투사들이 지배세력이었다면 민족의 비극이 왜 발생하지요? 나 개인적으로는 한국전쟁의 근본 이유는 강대국의 불장난이라고 봅니다. 어쨌든 한국전쟁은 철수했던 미군이 한국에 주둔할 명분을 얻게 해주었지요.

나는 단연코 친중파나 친러시아파는 아닙니다만 냉철하게 우리 민족사의 처지를 이해하기 위해서라면 중국이나 러시아의 입장에서 보면 이게 얼마나 큰 위협이겠는지 상상해 볼 필요가 있다고 봅니다. 가령 쿠바나 멕시코에 중국이나 러시아군이 주둔하거나 사드가 설치된다고 가정해 보세요. 그리고 한국이 한미 합동 군사훈련을 빈번히 실시하듯이, 북한이 러시아나 중국군과 합동 방어훈련이랍시고 바로 휴전선 가까이에서 실시하면 우리는 어떤 태도를 취할까요?

─월남한 기독교인들이 반공정신에 투철한데 대해서도 못마땅하게 여기시던데, 얼마나 당했으면 고향산천을 버리고 남으로 남으로 피란을 했겠습니까?

독재를 반대하는 인사들에게 '빨갱이'란 올가미를 씌워

임헌영 - 그들 중에는 양심적인 신앙인, 일제 식민통치 아래서도 친일을 하지 않은 기독교인도 상당수 있습니다. 그러나 상당수가 '반공'이란 이름으로 독립투사들과 양심적인 민족주의자와 자유주의자들을 압살하는데 앞장섰습니다. 이승만 독재를 반대하는 모든 인사들에게 '빨갱이'란 올가미를 씌워 야만적인 폭력을 행사했습니다. 그건 반공이 아니라 친일파 옹호요 독재체제의 협력입니다.

—이승만 초대 대통령이 친일파를 등용한 것은 잘못이지요. 그런데 해방 후 대한민국 정부를 수립하기 위해서 선거를 하는데 공산당이 방해하지 않았습니까? 암약하여 폭동을 일으키고 사상자가 발생하니까 다급한 치안유지를 위해서 일제 때 경찰 출신을 등용해 썼지요. 새로 출몰한 공산주의를 막기 위해서 그렇게 했는데, 역부족이라고 말할 수 있지 않겠습니까? 물론 그로 인해서 민족정신이 흐려지고, 폐해가 나타나는 것도 알고 있습니다. 그런데 그와 반대로 남한에서 북한에 올라가 반대 투쟁하는 일은 없었지요? 그래서 북한에서는 친일파를 수월하게 척결한 게 아닙니까?

임헌영 - 이승만은 초대 대통령을 해서는 안 될 인물이었지요. 그 역사적인 적폐가 쌓여 오늘까지도 그 악영향이 미쳐 박정희-전두환-이명박-박근혜를 겪었습니다.

—책 114쪽을 보면 리영희 선생께서는 "어차피 이승만도 분단된 민족을 통일하기 위해서 통일전쟁을 하려다 못한 것이고, 김

일성은 같은 목적의 전쟁을 훨씬 더 치밀한 계획과 준비하에 감행했다는 차이뿐이지."라고 하셨는데, 여기에는 모순된 말의 함정이 있습니다. 김일성은 6.25전쟁을 일으켜서 동족을 살상했고, 이승만은 남침한 북한공산군을 막기 위해서 노심초사했는데, 어찌 둘 다 똑같이 전쟁 하려다 실패한 것처럼 동일선상에 두는 겁니까?

임헌영 - 만약 이승만 정권이 아닌 독립투쟁 세력이 집권했다면 우리 역사가 어떻게 되었을까를 가정해 보시는 게 좋겠습니다. 8.15 이후부터 1948년 남북분단 고착화까지의 민족사를 면밀하게 검토해볼 필요가 있을 것 같습니다. 그리고 6.25 전후의 이승만의 여러 행위와 조치들을 잘 살펴보시기 바랍니다. 오죽하면 미국에서조차도 교체할 생각을 했겠습니까. 그가 일말의 양심이라도 있었다면 휴전 후 대국민 사과하고 물러났어야 했지요. 그런데 종신집권을 노린 추태와 망령을 보였잖아요.

—기독교에 관한 말씀이 심심찮게 나옵니다. 기독교는 세계적인 종교가 되었는 데도 모순이 느껴집니다. 리영희 선생은 이렇게 말합니다. "여호와 유일신을 신봉하는 예수교가 그렇듯이 '알라' 유실신을 절대시하는 이슬람교와 비이성 또한 그러한. 『코란』은 '신은 오직 알라뿐이다. 알라 이외의 어떤 것도 신으로 숭배할 수 없다.'라며 알라신을 절대시하고 있는데, 이런 절대신·유일신을 모시는 기독교와 이슬람교가 몇 천 년을 두고 인간에게 평화보다는 전쟁과 파괴, 사랑과 자비보다는 증오와 적대감

을 강요해온 것은 당연하지.…절대신과 유일신을 신봉하는 탈레반을 비롯한 아랍 인민들을 악으로 규정하고, 전쟁을 오히려 기독교적 '사랑의 행위'로 왜곡하는 것도 다 유일신과 절대신을 강조하는 종교적 광신 때문이라고 생각해요."

저도 이 말에 공감합니다. 그런데 '광신'이란 말이 자주 나옵니다. '과신'이라고 해도 좋을 것 같습니다. 기독교인이나 반공주의자는 지나치게 '광신'이라는 말을 즐겨 쓰시는데 그쪽으로는 의식이 과잉된 것 같습니다. 때로는 넓고, 때로는 좁고 그렇게 느껴지는데, 왜 그럴까요?

종말론과 천국론을 떠들며 교회를 세습하며, 대형 건축에 골인

임헌영 - 일부 진실한 신도들에게는 대단히 송구스럽습니다만, 선량한 기독교인들도 비판하는 부패하고 타락한 교파, 반민족적이고 반민주적인 유파가 엄연히 존재하는 건 사실이라고 봅니다. 그들의 행동을 보면 과연 죽은 후 심판이란 게 있을까, 있다면 저럴 수 있을까 회의가 듭니다. 그들의 목소리가 커질수록 기독교에 대한 회의가 높아집니다. 세계 어느 나라의 기독교가 우리나라처럼 거리와 지하철에서 까지 그토록 요란하게 비신자들에게 위협적으로 종말론과 천국론을 떠들며 교회를 세습하며, 대형 건축 짓기에 골인합니까?

—다윈에 관한 이야기가 506쪽에도 나오고, 521쪽에도 나오고, 심심찮게 나옵니다. 마르크스는 헤겔의 변증법 이론을 유물

변증법으로 바꿔서 썼지요. 그렇지만 그게 학문적으로 완벽할 수가 없지요. 사람이 원숭이로부터 진화했다는 말은 다윈이 말하는 진화론이 아니지요. 현존하는 원숭이나 침팬지, 고릴라 등은 현생 인류의 조상이 아니지요. 그들은 약 5천 만년 전 존재하였을 인간과 유인원 모두의 공통 조상으로부터 갈라져 나온 다른 종들이라는 추론이 가능합니다.

그런데 인류의 불행은 원숭이가 사람이 되었다는 엉터리 진화론을 마르크스가 차용해서 투쟁이론으로 바꿔치기 한 게 문제라고 봅니다. 기독교는 태초에 신이 인간을 창조했다고 창조적 진화를 말하지만, 마르크스는 원숭이가 원시노동을 통해서 도구를 사용하다보니까 두뇌가 발달해서 이성을 가지는 인간이 되었다는 것입니다. 이런 인간은 육체적인 욕구가 본질적이고 필수적이요. 물질적 욕구인 경제가 전부이고 여타는 부차적이지요. 정신적 영적 욕구는 종속적인 것이 되고 맙니다. 그래서 종교는 인정되지 않습니다. 그래서 그들은 종교를 아편이라고 말살합니다.

마르크스가 유물론은 포이엘 바하로부터, 변증법은 헤겔로부터, 진화론은 다윈으로부터 차용하였지요. 이 세 가지 이론을 습합하여 자기의 정치적 야망을 달성시킨 노동계급을 선동하기 위한 이론을 과학이라고 포장하여 발표한 것이 공산주의 사상 아닙니까?

계급투쟁의 주력군인 프롤레타리아에게 철학적 무기로 창안한 것이 마르크스주의 사상인데, 진리가 아니면 허점이 생깁니다. 만국의 노동자여, 단합하라. 소수의 악질 자본가가 다수의 선량한 노동자를 착취하고 억압한다. 그들을 타도하고 노동자의 천국을 만들자 거나, 계급이 없는 무계급사회를 만들고, 능력껏 일하고 소요껏 분배받는 생활을 한다고 했는데, 신기루 같은 환상이 아닙니까?

임헌영 - 저는 과학을 믿습니다. 창조론이 옳다는 걸 과학적으로 입증하면 간단히 해결되겠습니다.

—소수의 악질 자본가가 다수의 선량한 노동자를 착취한다는 이 말이 그럴듯하게 들리지만, 다시 생각해 보면 모순이 아닙니까? 자본가는 모두 악질이고, 노동자는 모두 선량합니까? 연봉을 1억 가까운 고봉밥을 먹는 귀족 노동자들이 비정규직 어려운 이들에게 밥을 덜어 줄 테니 기업주도 협조하라는 말을 들어보지 못했어요. 비정규직 동료를 외면하고 자기 고봉밥만을 더 높이 올려달라고 떼를 쓰는 노동자들은 선량합니까?

임헌영 - 아마 어떤 진보주의자도 자본가는 다 나쁘고 노동자는 다 선량하다고는 않을 겁니다. 인간은 저마다의 품성을 갖고 있지요. 다만 사회체제상 자본가가 노동자를 수탈할 수 있는 제도가 유지되기 때문에 불리한 노동자에게 인간다운 삶을 보장하자는 거지요.

—임헌영 교수께서는 '친일인명사전' 편찬이라는 큰일을 해내셨습니다. 그런데 아쉬운 점은 능선에서 양쪽을 다 보지 않고 한쪽에서 보았다는 느낌이 듭니다. 가령 인촌 김성수 선생의 경우

를 보더라도 친일한 것만 부각했지, 남몰래 독립운동자금을 마련해서 전달한 내용은 간과하지 않았습니까.

1940년을 전후하여 항일에서 친일로 전환했다고 하는데, 그가 친일을 하지 않았다면 그 악랄한 일제치하에서 중앙학교와 고려 대학이라든지, 동아일보를 허가 내어서 운영할 수 있었겠습니까? 교육기관과 언론기관을 통해서 우리 겨레의 역군을 길러내고 국민의 눈을 뜨게 하여 존경받지 않았습니까?

고문을 당하고 감옥에서 죽어간 독립군의 처지에서 보면 용납하기 어렵겠지만, 능선에서 양쪽을 보듯이, 대한민국 전체를 조망하게 되면, 친일은 친일대로 기록하고, 또 애국은 애국대로 기록해야 하지 않겠습니까?

〈친일인명사전〉에는 친일행위만 기록한 게 아니라 모든 인물의 전 생애를 기록

임헌영 - 〈친일인명사전〉은 이명박 정권 때 출간(2009)됐습니다. 철저히 객관적인 자료를 바탕 삼아 집필했기 때문에 많은 재판에서 단 한 건도 패소하지 않았습니다. 물론 그 재판도 이명박-박근혜 정권 때 치러진 것이라 이미 역사적인 공인을 받고 있습니다. 이의를 제기한 모든 문제들은 연구소 측도 충분히 다 검토한 사항들입니다. 김성수 문제도 대법까지 확정판결을 받아 그는 친일파로 낙인이 찍힌 겁니다. 그리고 〈친일인명사전〉에는 친일행위만 기록한 게 아니라 모든 인물들의 전 생애의 행동을 전부 기록하고 있습니다. 심지어는 8.15 이후의 활동도 다 기록해 두었습니다.

─왼쪽 날개 좌익이나, 오른쪽 날게 우익이나 모두 서로 없어서는 안 될 필요요소가 아닙니까. 그런데 왜 서로 못 잡아먹어서 안달이지요? 그래서 서로 싸우기만 하는 좌우익보다는 머리 두자(頭字) 두익(頭翼)을 생각했으면 좋겠다는 생각이 듭니다. 그리고 서로 함께 사는 공생(共生)이라든지, 서로 함께 번영하여 다 같이 잘 사는 공영(共榮), 그리고 공평하고 의롭게 사는 공의(公義), 그러니까 공생공영공의주의(共生共榮公義主義)를 모색할 필요가 있지 않겠습니까? 그래야 모두 공존(共存)할 수 있지 않겠습니까?

임헌영 - 좌우가 공존한다는 것은 좌나 우나 최소한 인류 역사가 이룩한 인본주의의 원칙을 지키는 선에서 가능합니다. 그러지 않고 우리 국가나 민족의 이익보다 미국과 일본의 이익을 앞세운다든가, 친일파와 독재자를 옹호하면서 국민의 자유를 억압하는 게 국가안보를 위해 절대적으로 필요하다는 등은 우파라고 할 수 없지요. 유럽 같으면 범죄에 속합니다.

─지금 문재인 정부에서는 1919년을 건국의 해로 보고 기념행사를 크게 벌일 모양인데, 대통령이라고 해서 그렇게 함부로 왜곡해도 됩니까? 1919년이 건국의 해라면 1945년까지 독립운동을 할 필요가 있겠습니까? 학병에 나가라고 친일할 필요가 있겠습니까? 1919년에는 정신적인 혼이야 살아있었지만, 몸이 없지

않습니까. 국민과 국토와 주권이 없었는데, 건국의 해라는 말이 타당하겠습니까? 1919년에 임신을 해서 1948년에 태어났다고 보는 게 천사만려(千思萬慮)해도 백번 타당하지 않습니까?

제국주의 약탈 시대엔
헌법적 가치보다 민족사적인 주체의식이 우선한다

임헌영 - 국가의 구성요건은 헌법적으로는 국토와 국민과 주권이 있어야 하지만 제국주의 약탈 시대에는 헌법적 가치보다 민족사적인 주체의식이 더 우선합니다. 미국의 독립기념일인 1776년에 정부나 주권이나 자신들의 영토가 있었습니까? 그렇다고 미국의 독립선언은 엉터리 비합법이라고 누가 지적합니까? 온 세계가 다 인정하지요. 망명정부를 인정해주지 않은 것은 바로 강대국의 지배논리였습니다.

제2차 대전 중에도 미국과 영국은 프랑스의 드 골이 추진했던 친독 나치 협력자 처벌(우리 식으로 말하면 친일파에 해당)을 반대했습니다. 영국과 미국은 독일과 전쟁하면서도 끝 난 뒤 독일을 앞세워 반러시아 전선을 펼칠 계획이었지요.

—지금 보수는 지리멸렬하게 흩어지고 찢기어서 갈피를 잡을 수 없게 되어있습니다. 이렇게 맥없이 주저앉게 된 원인이 어디에 있다고 보십니까? 보수의 정체성을 지키지도 못하고, 시대의 변화에도 대처하지 못한 면도 있겠지만, 보다 근원적인 면이 있는 것 같은데, 그게 어디에 있다고 보십니까? 마치 배부른 고양

이가 쥐 잡을 생각을 하지 않다가 쥐떼에게 물려 뜯기는 듯한 느낌을 받는데…

임헌영 - 유럽의 보수주의를 학습해야 될 것 같습니다. 우선 기독교 신앙 자세부터 혁명적인 변모가 있어야 한다고 봅니다. 특히 독일에 가서 많은 학습을 했으면 좋겠어요.

—이제 문학과 관련해서 여쭈어보겠습니다. 문학인플레현상으로 작품의 수준이 떨어지는 면도 있고, 또 사회로부터 존경받지도 못하는 면이 있습니다. 물론 문학 인구가 증가한 것은 좋은 일이겠지요. 긍정과 부정, 순기능과 역기능이 보이는데, 어떻게 해석할 수 있겠습니까?

임헌영 - 큰 틀에서 보면 한국의 문학은 서구에 비하여 매우 건전하고 튼튼하며 독자도 많습니다. 블렉리스트 같은 간섭만 없으면 저절로 잘 될 것으로 봅니다.

—대한민국 국민이 책을 읽지 않습니다. 스마트 폰의 보급으로 책과 멀어지는 환경의 변화에도 원인이 있겠지만, 이는 우리나라만 겪는 일이 아니지요. 다른 나라도 다 겪는데, 한국이 유난히도 책을 읽지 않는 편인데, 그 까닭이 어디에 있다고 보십니까? 어디 뾰족한 수가 없겠습니까?

임헌영 - 세계적인 현상이라 대세를 따르는 수밖에 없지만, 국민 다수가 흥미를 끌만한 작품이 없는 게 문학을 외면하는 계기가 된 것 같습니다. 지난 촛불혁명의 특징 중 하나가 문학의 역할이 왜소화됐다는 겁니다. 90년대까지만 해도 모든 민주화운동의 선봉에는 시인이 섰는데, 촛불혁명 과정에서는 지난 시절에 비하여 문학의 목소리가 너무나 낮았어요. 좋은 기회를 놓친 거지요. 그만큼 문학인의 사회참여의 선도성과 적극성이 낮아졌다는 증거지요.

—독일에서는 학창시절(고등학생과 대학생)에 시를 100편 이상 외운다고 합니다. 그렇게 좋은 시를 많이 외우면 정서가 순화되어 토막 살인과 같은 끔찍한 사건과는 거리가 멀겠지요. 시와 친해지면 삶의 질이 높아지고, 소설을 많이 읽으면 인생이 풍부해진다고 합니다. 임헌영 교수는 그동안 평론을 많이 써오셨는데, 시와 소설, 그리고 수필까지 장르에 대한 개념 정리를 해주시면 고맙겠습니다. 장르의 개념도 몰라서 그러는지, 시인지 수필인지 모호한 글들이 보여서 내친 김에 여쭈어봅니다. 물론 새로움을 추구하려면 실험정신도 필요하겠지만, 그런 차원과는 거리가 멀어서 드리는 말씀입니다. 임헌영 교수께서도 서울디지털대학에서 강의를 해 오셨기 때문에 이 기회에 문학평론가의 견해도 듣고 싶습니다.

문학도 교양인의 필수가 아니라
문학하는 사람들이나 보는 사치품으로
임헌영 - 그래도 문학 애호가는 늘어가고 있습니다. 나는 국민들이 문학을 버린 게 아니라 오히려 문학인들이 국민을 버렸다는 입장입니다. 자본주의 사회에서는 모든 게 다 상품인데, 작품도 상품입니다. 상품은 소비자의 구미에 맞아야 하는데, 지금은 문학 전공자, 문학 애호가들만의 입맛에 맞추는 듯합니다. 이제는 문학도 교양인의 필수가 아니라 문학하는 사람들이나 보는 사치품으로 변한 것 같습니다.

—시와 소설과 관련해서 얘기를 나누었으면 합니다. 시는 갈등을 줄이고 해소하려고 하지만, 소설은 갈등을 조장하고 증폭시키려고 합니다. 그래서 시성(詩聖)이나 시선(詩仙)이라는 말은 있어도 소설가에서는 성(聖)이나 선(仙)을 붙이지 않습니다. 톨스토이처럼 소설로 일가를 이룬 뛰어난 문학가를 문호(文豪)라고 하지요. 사람 사는 세상에서 갈등이 없을 수없겠지만, 우리나라에서는 갈등이 너무도 심한 것 같습니다. 남북 분단에도 원인이 있겠고, 속도전에 능하고 가무를 즐기면서도 화를 잘 내는 다혈질에도 원인이 있겠지만 마르크스의 정반합 이론에서처럼 사물을 투쟁적으로 보는 데에서 이유 없는 미움이 들끓는 것 같기도 한데, 어떻게 보십니까? 정반합(正反合) 이론만 있는 게 아니고 정분합(正分合) 이론도 있거든요?

임헌영 - 독자들이 자기 작품을 안 읽어주면 스스로 상품으로서의 조건을 반성해 보는 게 좋겠습니다. 독서를 강제로 시킬 수는 없으니까요. 그리고 문학이 인문학의 왕자 노릇을 하던 시대도 지났습니다. 그건 20세기까지의 작품 중 고전적 가치가 인정된 시대로 종막을 고한 것 같습니다.

　—잘 아시는 바와 같이 중국의 문화대혁명은 중국공산당 주석 마오쩌둥이 중국 혁명정신의 재건을 위한다는 구실로 1966년부터 1976년까지 추진한 대격변이지요. 소련의 혁명이 잘못된 길로 접어들었다고 여긴 마오쩌둥은 중국이 소련식 사회주의 건설 노선을 따라가게 될 수도 있다는 두려움과 자신의 위치에 대한 우려 때문에 역사의 흐름을 역류시키고자 중국을 혼란상태로 몰아넣었습니다.

　학교를 폐쇄하고, 홍위병에게 전통적인 가치와 부르주아적인 것을 공격하게 했으며, 당의 관료들을 비판함으로써 그들의 혁명성을 점검했습니다. 수많은 노인들과 지식인들이 학대받고 많은 사람들이 죽임을 당했습니다. 그 후 10여 년 동안 내부 대립이 끊이지 않다가 마오쩌둥의 사망 후 종결되었습니다. 홍위병 간의 대규모 무력충돌이 전국적으로 발생했고, 군대까지 동원되었지요.

　숙청된 지도자들이 살해되었고, 고위 군사령관들이 숙청되었지요. 존경받던 스승들을 공격하고, 고문했으며, 원로 혁명가들에게 모욕을 가했지요. 문화혁명의 후유증은 중국의 문젯거리가 되고 있습니다. 세대 간의 심각한 갈등이라든지, 파벌의식 등 폐해가 심각한데, 리영희 교수께서는 제대로 평가하지는 않은 것 같습니다. 리영희 교수는 반미, 반기독교와 친중국, 그리고 무신론에 고착된 것 같습니다. 어떻게 보십니까?

　임헌영 - 리영희 교수의 평가는 일관된 잣대가 있기 때문에 사례 하나를 들어 잘못됐다고는 하기 어렵습니다. 만약 중국 공산당이 없었다면 그 대륙이 어떻게 됐겠습니까? 서구 열강들이 갈기갈기 찢어서 춘추전국시대처럼 분열됐겠지요. 그런 역사적 상황을 고려하지 않고 중국 공산당의 정책을 힐난할 수는 없습니다.

　─책을 읽다 보면 '피침성(被侵性)'이라는 말이 생각납니다. 북한 공산집단에 의한 6.25남침, 천안함 폭침, 연평도 포격, 124 군부대 청와대 기습, 항공기 폭파, 아웅산 폭발 사건, 지뢰 폭파 등 수없이 많은 침략을 당했기 때문에 스스로 생명을 유지하기 위해서 자주국방은 당연한 의무이고 과제입니다. 그런데 책에는 "…광적인 반공주의의 가치관과 병적인 극우적 세계관 밖에 없는 한국인들…"이라는 말이 심심찮게 나옵니다.
　리영희 교수가 말하는 "높은 가치와 가치체계"라든지, "다른 인간적 사유와 존재양식"이 있다거나 좋아 보이는 사회나 국가들이 많다고 해도 우리의 현실을 망각한 채 뛰어넘을 수는 없는 것 아닙니까? 그러니까 피침성, 즉 침범을 당한자의 처지도 함께 생각해야 하지 않겠습니까?

　임헌영 - 참 할 말이 많습니다만, 일단 한국 근현대사를 제대로 한번 검토해 주시기 바랍니다. 그리고 엉터리 신문만 보지 말고 진짜 언론매체를 좀 보시면서 올바른 가치관을 정립해 주시기 바랍니다.

　─요즈음 사회 현실을 보면 리영희 교수의 "우익(右翼)은 이권

으로 뭉치고 좌익(左翼)은 이념으로 모이지만, 동시에 우익은 이권분배의 크기로 분열하고, 좌익은 이념을 지나치게 정밀화·세밀화 하는 '작음'의 고질적 아집 때문에 망한다는 역사적 경험"이라는 말씀이 실감 있게 다가옵니다. 좀 더 첨언해 주시면 독자들의 이해에 도움이 되겠습니다.

임헌영 - 황 교수님의 고견에 감사드립니다. 진보-보수 이분법으로 보지 마시고, 진정한 진보, 진정한 보수를 정립하는 게 화급하다고 봅니다.

─고맙습니다.

임헌영 (任軒永)
1941년 경북 의성 생. 문학평론가.
중앙대 국문과 졸업, 동 대학원 국문과 졸업. 경향신문 기자,
월간 『다리』지 주간,『월간독서』주간, 민족문제연구소 소장.
『현대문학』지에 문학평론『장용학론』과『니힐과 반항』으로 추천을 받고 등단.
문학적 전통의 문제, 한국문학 사상사에 대한 모색과 재검토에 큰 관심을 기울이고 있으며, 그의 사상적 기조는 인간의 자유와 역사적 현실의식을 바탕으로 한 민중 및 민족의식에 두고 있고, 분단의 극복을 위한 미학의 역사적 임무를 강조한다.
저서에『한국근대소설의 탐구』『문학의 시대는 갔는가』『창조와 변혁』
『민족의 상황과 문학사상』『한국현대문학사상사』등이 있다.

대한민국의 정체성이 흔들리고 있다

이 글은 지난 8월 16일 본지(문학사계) 황송문 주간이 전 김중위 장관을 찾아 인터뷰한 내용이다. 나라 정체성이 모호한 이때 이 글은 방향성을 제시하므로 독자의 정독을 바란다.
　　　　　　　　　　　　　　　　　　　　　　　　　　　－편집자 주－

—지금 대한민국은 지리멸렬해 있습니다. 갈가리 흩어지고 찢기어 갈피를 잡을 수 없습니다. 정치, 경제, 국방, 외교, 교육, 언론, 문화, 예술, 심지어 종교까지도 마치 뇌성마비 환자처럼 팔은 팔대로, 다리는 다리대로, 눈은 눈대로, 입은 입대로 제각각이라서 정도를 똑바로 걷지 못하고 있습니다.

문재인 대통령은 이순신 장군을 말했지만, 그가 적은 배로도 승리한 것은 투철한 사즉생(死卽生) 정신과 피나는 훈련으로 대비하였기 때문입니다. 지금은 징비록을 다시 읽어야할 때라고 생각합니다. 국군의 복무연한을 줄였고, 주적이 누구인지도 모르게 했으며, 대북관계는 무장해제상태입니다. 나라가 위기에 처해 있는데, 애국자가 보이지 않습니다.

명덕(明德)을 갖춘 인물이 보이지 않습니다. 이럴 때일수록 충무공 이순신 장군과 국무령을 지내신 석주(石洲) 이상룡 선생이 그립습니다. 이상룡 선생은 1910년 나라가 망하자, 중국으로 망명하여 독립운동기지 건설에 평생을 바치셨지요.

대한민국 임시정부 초대 국무령 직을 역임하신 민족지도자로서 신흥무관학교, 백서농장 등 독립군양성학교를 설립하여 수많은 독립군을 배출하였지요. 봉오동, 청산리 독립전쟁을 승리로 이끌어 한인들의 삶에 희망을 주었지요. 대한민국 국민이 그 분을 알고 닮았으면 좋겠습니다. 이상룡 선생의 족적을 생각나는 대로 말씀해 주시기 바랍니다.

김중위 - 석주(石洲) 이상룡(李相龍, 1858~1932)선생은 본인이 독립운동 과정에서 이룩하신 업적에 비해 많은 사람에게는 덜 알려진 분입니다. 거기에는 이유가 있습니다. 본인은 물론 3대에 걸친 독립운동으로 후손이 없기 때문입니다. 한집에서 10명의 독립유공자가 나왔으니 알만하지 않겠습니까?

아들, 손자, 동생과 조카 3명이 모두 독립운동에 헌신한 데다가 외가와 처가는 물론 사돈 집까지도 독립운동 집안이었습니다. 〈아직도 내 귀엔 서간도 바람 소리가〉라는 일기를 남긴 그의 손자 며느리인 허은 여사 역시 의병장으로 유명한 왕산(旺山) 허위(許蔿, 1855~1908)의 따님이지요. 그러니 살아남은 후손들이라야 오죽하겠습니까? 학교도 못가고 고아원에서 자랄 정도였으니 말이죠.

국치를 당하자 재산을 정리하여 서간도로 집단망명

몇 년 전에 임청각에서 하룻밤을 자고 상경하려는데 석주 선생의 증손인 이항증 씨가 "오늘 '석주 이상룡 선생 기념사업회'를 발족시키려 하는데 축사 한마디 남겨 달라"고 하길래 깜짝 놀랐어요. 세상 천지에 석주 선생의 기념사업회가 아직도 안 만들어지고 있었다니 이건 말도 안 되는 일이라고 생각했지요. 그동안에 저는 '심산 김창숙 선생 기념사업회'와 '강우규 의사 기념사업회 회장'을 두루 거친 경험이 있기 때문에 정말 저는 놀랐습니다.

여하튼 석주 선생 얘기를 하려면 조금 길어지겠습니다 마는 간단히 하겠습니다.

안동 법흥동이라는 동네를 가면 임청각이라는 엄청나게 큰 집이 있는데 그 집이 석주 선생의 집입니다. 내가 이 집을 왜 잘 아느냐 하면 바로 그 옆집이 우리 어머니의 외가에요. 같은 고성이씨 집안이죠. 그래서 잘 알아요. 원래는 99칸의 집보다도 더 큰집이었는데 왜놈들이 경경선 철로를 놓으면서 그 집의 정기를 끊기 위해 마당 한가운데를 철로가 지나가도록 하는 바람에 지금은 많이 쪼그러 들었습니다. 5층 전탑이 있는 우리 외가 집도 반토막이 났지요. 이 얘기를 왜 하느냐 하면 석주 선생은 천석군 집안 자손으로 고성 이씨의 종손(宗孫)이었습니다. 엄청난 부호인데다가 유학자였다는 얘기입니다. 특히 그 지방은 대개가 퇴계학파의 사람들이기 때문에 유림의 본거지라고 해도 좋을 그런 지방입니다. 전국 독립운동가들 중에서 경북이 가장 그 수가 많고 그 중에서도 안동이 가장 많은 이유가 바로 거기에 있다고 할 것입니다.

그런 중에서도 석주는 혁신유림으로 일찍이 개화사상에 눈을 뜬 분이었습니다. 1905년에는 가야산에서 의병을 일으키기도 했고 그 뒤에는 안동에 〈협동학교〉를 세워 많은 독립운동가를 배출하기도 했습니다. 국치를 당하자 그 많은 재산을 몽땅 팔아 정리한 뒤에 온 가족 모두를 데리고 압록강을 건너 서간도로 집단 망명길에 올랐습니다. 서울에서는 이회영(李會榮, 1867~1932)선생 일가가 석주 선생처럼 명동 땅을 정리해서 몽땅 압록강을 건넜는데 그 때 땅값을 지금 가격으로 치면 600억원인가로 환산하는 것을 보았습니다.

그 당시에는 안동땅 값이나 명동 땅값이 차이가 없었습니다. 여하튼 이때 석주 선생과 함께 간 사람들이 백하(白下) 김대락(金大洛), 동산(東山) 유인식(柳寅植, 1865~1928), 일송(一松) 김동삼(金東三, 1878~1937)이었습니다. 이들은 망명 전에 모든 노비를 해방시키고 조상 위패를 땅에 묻었습니다. 이들은 간도 유하현 삼원보라는 데에 자리를 잡고 한국인을 위한 교육기관인 경학사와 신흥 강습소를 만들어 독립운동의 기지를 구축하였습니다. 훗날에는 이것이 신흥 무관학교로 발전하여 2000명이 넘는 독립군을 배출하게 됩니다.

석주가 주도적으로 활동한 결과 1919년 서간도의 독립군 부대인 서로군정서 독판(督辦)이 되었고 1925년에는 대한민국 임시정부 초대국무령이 된 것입니다. 저는 아직 「석주 유고」는 읽어보지 못했지만 「백하일기」는 읽은 적이 있는데 참으로 눈물 나는 장면이 한두 군데가 아닙니다. 엄동설한에 끼니를 굶으면서 이불도 없이 바람이 들락거리는 냉방에서 웅크리고 앉아 독립군의 첩보를 들으려는 일념에 밤을 홀딱 세우는 정경을 어떻게 눈물 없이 읽겠습니까? 하고 싶은 말씀이 많지만 이 정도로 하지요.

적을 적이라고 말하지 못하고
북한 미사일을 미사일이라 말하지 못하는 현실

—김중위 선생님께서 써서 발표한 「선열(先烈)들의 절명시(絶命詩)」를 읽었습니다. 우리 애국선열들의 피어린 발성이라서 비장미가 흐릅니다. 일제에 나라는 빼앗겨도 정신은 지킨다는 의지가 절명시에 담겨있더군요. 벽산(碧山) 김도현(金道鉉)의 절명시, 매천(梅泉) 황현(黃玹)의 「매천야록」, 이강년(李康秊)의 절명시, 신돌석(申乭石)의 절명시, 강우규(姜宇奎) 의사(義士)의 절명시가 가슴을 칩니다.

대한민국 국군은 작년(2018) 4월부터 '병사 일과 후 휴대전화 사용' 시범운영을 진행, 현재는 전방지역을 중심으로 36만 여명의 병사가 휴대전화를 사용하고 있습니다. 그런데 이게 제동이 걸렸습니다. 병사들이 휴대전화를 이용해 도박·음란 사이트에 접속하고 온라인상에서의 욕설, 성희롱 발언 등 '디지털 일탈행위'가 속출하고 있기 때문입니다. 그래도 군 당국은 금지하지 않을 모양입니다. 핵무장을 완성하고 맹훈련을 하는 북한에 비하면 참으로 한심하고 암담합니다. 이를 어떻게 해석해야 합니까?

김중위 - 선생님이 말씀하신 것처럼 참으로 한심한 현실입니다. 적을 보고 적이라고 말하지 못하는 현실이니 국방장관이라는 작자가 천안함 폭침 사건같은 것은 그냥 "불미스러운 일"이라는 정도로 얼버무리고 북한의 미사일을 미사일이라고 말도 못하는 지경이 되었으니 무슨 말을 할 수 있을까요. 군 복무기간은 단축하고 군 병력은 줄이고 전방 초소는 없애고 탈북단체에게는 재갈을 물리고, 한미 군사훈련도 지지부진 상태이니…. 군은 지금 아무리 봐도 '편히 쉬엇' 자세인 것 같습니다. 그렇지 않고서야 북한 간첩(?)이 목선을 타고 와서 소위 말하는 셀프 신고를 했는 데도 이를 묵살하거나 허위보고 하거나 신고한 북한 사람을 되돌려 보내는 어처구니 없는 일이 벌어졌어도 아무도 책임지는 사람이 없는 현실이 지금 우리 군의 현실입니다. 어제 오늘의 일만이 아닙니다. 과거 정권시대에도 NLL을 넘어오는 북한 선박에 대해 "총을 쏠까요 말까요" 묻거나 뱃머리로 밀어내거나 레이더에 비친 적함을 "새떼라고 보고하라"는 등의 웃지 못할 헤프닝이 비일비재했습니다.

그러니 북한이 우리를 얼마나 깔봤으면 우리 대통령을 보고는 "오지랖 넓은 짓 말라" 고 말하는가 하면 우리 측 협상당사자를 보고 "목구멍으로 냉면이 넘어갑니까"라는 등의 모욕적인 말을 하겠습니까? 심지어는 얼마 전에 신형 탄도 미사일을 쏘면서 북한의 김정은이가 "아무리 비위가 상해도 평양발 경고를 무시하지 말라"는 공갈까지 서슴치 않는 상황에까지 이르렀을까요! 그런데 이런 모욕적인 말을 듣고도 어느 누구도 북한에 대해 일언 반구 한마디 말하는 사람이 없어요. 이게 나라입니까? 이러고도 우리가 우리의 안보에는 아무 이상이 없다고 말할 수 있겠습니까? 대통령은 외교적인 필요성 때문에 때로는 유화적인 언사를 하거나 제스쳐를 쓰는 경우가 있더라도 군은 언제나 전투태세를 갖추고 있어야 하는 존재입니다. 그런데 어떤 때에 보면 대통령의 대북 유화정책보다 한술 더 뜨는 것 같은 느낌이 들 때도 있습니다. 강단있는 군인이 보이지 않습니다.

얼마나 한심한 군인가 하면 지난번 북한에서 총을 몇 방 맞고도 판문점을 넘어온 북한 군인을 치료할 수 있는 군내(軍內) 병원이 하나도 없어요. 결국은 민간 병원으로 후송했습니다. 이게 말이나 되는 얘기입니까? 아니 세상에 총상 입은 군인을 치료할 수 있는 병원이 군내에는 하나도 없다는 것이 말이나 되냐구요? 육군 병원의 존재 이유가 뭡니까? 전투중에 부상입은 군인을 치료하기 위해 존재하는 거 아닌가 말이에요. 미국의 경우 보니까 대통령이 위급하면 언제나 육군이나 해군병원으로 가더라구요. 말이 아닌 나라에요. 이 문제는 나도 책임이 있다고 봐요. 현역의원 시절에 이 문제를 제기한 적이 한 번도 없었으니 말이애요. 내가 예결위원장 시절에 이런 내용을 알았으면 무슨 수를 쓰더라도 예산문제를 해결했을 겁니다. 이 자리에서라도 문제제기를 하고 싶어요. 예산 타령을 할 일이 아니라고 봐요.

—적폐청산하겠다는 문재인 정부가 오히려 더욱 적폐를 저지르는 것 같은데 김중위 장관님께서는 어떻게 보고 계십니까?

레이더에 비친 적함을 새떼로 보고하는 현실

김중위 - 참 한심한 일이지요. 집권하자마자 적폐청산을 하겠다고 팔을 걷어부치는 걸 보고 "참 큰일 내겠구나"하는 생각을 했어요. 아니나 다를까 인민재판 하듯이 사회 구석구석에 적폐청산위원회인가를 만들어 하루에도 수 십 건씩 사람을 잡아 가두는 것을 보고 무슨 혁명을 하려나 했습니다. 무슨 불랙 리스트를 만들었다고 줄줄이 사람들을 엮어 잡아 가두더니 자기들도 리스트를 만들어 똑같은 일을 반복하더라구요. 들리는 바로는 광화문 태극기 집회에 나간 사람들을 찾아서 돈이 어디서 났느냐고 다그쳤다는 소리도 들립디다.

보세요, 적폐청산 한다면서 전직 대법원장도 잡아 가두더니 자기네 진영에 있는 사람들의 적폐는 하나도 다스린 적이 없어요. 잡았다가도 도로 내주고 보수진영에서 헌신한 사람들은 거의 예외 없이 적폐로 몰아 관직에서 물러나게 했습니다. 이건 적폐청산이 아니라 숙청이죠. 이 정권 들어서 능력본위 인사가 조금 실현되려나 하고 보니까 이건 영 딴판이에요. 낙하산 인사가 더 심해진 데다가 좌파일색으로 깔았어요. 관공서는 말할 것도 없고 법조계마저 그러한 것 같습니다. 무슨 얘기를 더하겠습니까?

엄밀히 말해서 적폐란 오랜 역사를 통해 누적된 폐단을 말하는 거 아닙니까? 누적된 폐단이란 하루아침에 일소되는 것이 아니에요. 대표적인 사례 한두 건을 시범적으로 시정시키고 또 적폐의 정점에서 악질적인 행위를 한 사람 한 두명을 처벌하면서 새로운 기풍을 진작시킴으로써 서서히 광정시켜 나가야 하는 것이지요. 옛날에 5.16혁명 때도 일시에 적폐를 청산시키겠다고 달려든 적이 없었습니다. 말로는 "부정부패를 일소한다"는 구호를 내 걸었습니다 만은 일소라는 말은 있을 수 없는 것입니다. 엄청난 독재가 아니고서는 불가능한 것이지요. 그때도 과거 정치에 기생했던 깡패세력의 두목 한 사람을 시범적으로 처벌하는 것으로 적폐를 일거에 잠재우려 했을 뿐입니다.

교도소 없는 사회를 만들겠다고 생각하는 사람이 있다면 그것은 독재자도 지독한 독재자이지요. 필리핀에서 아편 흡연자는 들키는 대로 즉결처분하는 대통령이 나온 적이 있습니다만은 이런 일은 있을 수 없는 것입니다. 사회란 복잡다단한 인간사의 복합체입니다. 그러기에 옛날에도 수도 없는 철인들이 제자백가로 나서서 사회의 광정을 위한 저마다의 이론들로 난무했던 거 아닙니까? 사회는 법만으로 다스려지는 존재가 아닙니다. 그러기에 교육도 있고 문학도 있고 예술도 있는 거 아닙니까? 지도자들이 조금은 깨어 있어야 합니다.

나라 뱃머리가 어디로 향하는지조차 모르고 있으니

—이승만 초대 대통령 이후 쭈욱 한·미·일 세 나라가 자유민주주의 체제로서 공조해왔는데, 문재인 정부가 들어서면서 미국과는 소원해지고, 일본과는 충돌하며, 북한에는 무장해제 상태에 있어서 정체성 혼란이 심각합니다. 전군을 통솔하는 국방장관이 6.25는 북한의 전쟁범죄라는 답변도 제대로 못하는 현실을 보면 이것이 나라인가 하는 의구심이 드는데, 그 까닭이 어디에 있다고 보십니까?

김중위 - 솔직히 말하면 지금 황 선생이 말한 것처럼 저도 이 정권의 정체성에 대해서는 잘 모릅니다. 한국이라는 나라의 뱃

머리가 어디를 향하고 있는지조차 모르고 있으니까요. 예를 들면 '소득주도성장'이라는 캐치프레이즈를 내 걸었으면 소득주도성장정책이 있어야 하는데 구호만 있고 정책은 없어요. 정책이라는 게 고작 청년실업자에게 돈 몇푼 나눠 주는 게 고작입니다.

근로자에 대한 최저임금을 일시에 올려주면 소득주도성장이 될 거라고 생각한 모양인데 이게 되려 자영업자만 문을 닫도록 만들었습니다. 원전산업을 황폐화 시켜 수출 길도 막았습니다. 대기업이 눈엣가시로 보였는지 공정거래위원장이란 작자는 대기업 혼내주는 것을 자기의 기본임무로 알고 일을 한 거 같아요.

이 정권이 들어서면서 성장 동력이 여지없이 떨어진 거 같아요. 하루가 멀다고 자영업자는 가게 문을 닫지요, 학교 평준화를 시킨다면서 수월성 교육은 찾아볼려야 찾을 수가 없습니다. 하향 평준화 길만이 남아 있습니다. 자유민주주의라는 말은 이제 장롱 속에 처박혀 있는 형상이고 민노총이라는 단체만이 무소불위의 행패를 부리면서 이 나라에서 활개를 치고 있습니다. 이 나라가 왜 이렇게 되었는가?

모두가 문재인 대통령 때문이라고 보고 싶습니다. 대통령이라는 사람이 북한을 너무 사랑하는 나머지 많은 다른 것에는 안중에도 없으니 국정이 엉망으로 갈 수밖에 없는 거지요. 어느 날 갑자기 중국과 러시아가 우리나라 영공을 침범했는 데도 대통령은 꿈쩍도 하지 않았습니다. 모른 척하고 만 거지요. 그러니까 우리가 지금 외교적 고립상태에 있는 것이 아닌가 하는 우려의 목소리가 높아가고 있습니다. 오직 김정은의 비위를 거스르지 않으려고 안간힘을 쓰는 것으로 외부에 비추어 지니까 김정은의 대변인 같다는 비판의 목소리도 나오는 거 아니겠습니까? 좌파 정권의 한계이기도 한 것 같습니다.

—한·일간의 무역 갈등이 정면충돌로 가는 양상을 보이는데, 우리가 일본에 말려드는 감이 없지 않습니다. 나쓰메 소세키(夏目漱石)도 감정에 치우치면 흘러버린다고 했는데, 감정대로 하다가 희생을 해서야 되겠습니까? 이런 경우에는 어떤 지혜가 필요하겠습니까?

나라가 튼튼하면 어느 외적이 넘볼 수 있겠느냐

김중위 - 최근의 한일문제는 별안간에 생긴 일은 아니라고 생각합니다. 일본 아베 수상의 마음속에 과거 일제시대의 잔상(殘像)이 남아 있어 생긴 일이라고 봅니다. 말하자면 한국에 대해 시비를 걸어 기를 한번 꺾어 보자는 속셈을 가지고 오랫동안 기회를 엿보지 않았나 싶습니다. 그런데 마침 우리 대법원이 징용 문제를 들고 나오니까 이때가 기회다 하고 전례대로 선전포고도 없이 수출규제로 들어간 것이라 볼수 있지요. 여기서 제가 '전례'라고 말한 것은 청일전쟁이나 러일전쟁을 염두에 두고 한 얘기입니다. 그때 그렇게 했으니까요.

그러나 아무리 아베가 그렇게 나온다 치더라도 사실은 사실대로 분명히 하고 대처해야 하지 않나 싶습니다. 이건 무슨 얘기이냐 하면 강제징용 문제가 그동안 어떻게 처리되었느냐는 문제에 대한 인식을 분명히 해야 한다는 얘기입니다. 2007년 노무현정부 당시 특별법을 만들어 피해자 7만2631명에게 위로금 지원금 6184억원을 지급했다는 사실입니다(조선일보 2019. 7. 19). 이는 곧 강제징용자 문제는 65년도의 청구권 협정으로 해결된 것으로 보고 한국정부가 별도의 조치를 취한 것으로 이해되는 부분입니다.

그러나 행정적으로 이런 형태로 처리되었다손 치더라도 법원의 결정은 또 다른 차원에서 보아야 한다고 생각합니다. 개인이 갖는 손해배상권은 위로금 지원과는 그 성격이 다르기 때문입니다. 그러기에 이 문제는 다시 외교적 교섭을 통해 해결하지 않으면 안된다는 이론이 성립한다고 할 것입니다.

일본과의 관계는 참으로 복잡합니다. 그러나 그 복잡한 관계이기 때문에 언제나 세심한 주의력을 기울여서 관계를 맺어 가야 한다고 봅니다. 일본은 언제나 독도문제를 한자락 깔고 한국문제에 접근합니다. 보십시오, 중국과 러시아 전투기가 독도상공을 침범했을 때 한국 전투기가 방어차 뜨자 일본이 이를 두고 시비를 걸었습니다. 자기네 영공이라고 주장하면서 말이죠. 독도가 자기네 것이라는 것을 이런 위기상황에서도 주장하고 있는 것입니다.

이 기회에 저는 일본이 간과하고 있는 문제 하나를 제기하려고 합니다. 일본은 지금도 한일합방이 합법적이라고 주장합니다. 그리고 민비 암살이나 위안부 문제 같은 것이 일본정부와는 관계가 없는 일이라고 발뺌을 하고 있습니다. 그동안에 일본이 자행한 모든 죄악에 대해 우리가 용서를 하고 동양평화를 위해 우호 협력해 나가고자 하는데 이런 과거 문제를 가지고 발목을 잡을 필요는 없다고 봅니다. 그러나 한가지만은 본인들이 인식하고 있어야 한다고 생각합니다. 그것은 한국분단에 대한 책임의식입니다. 일제의 통치 기간이 없었다면 한반도는 분단될 수가 없는 나라입니다. 분단의 원인을 제공하였다는 얘기지요. 결과적으로 일제로 인해 한국민이 분단의 고통을 겪고 있는 것에 대한 책임의식을 느끼고 한반도 통일에 대해 협력을 아끼지 않았으면 하는 바램입니다. 그러기에 우리는 일본이 지니고 있는 역사적인 책임의식을 끊임없이 일깨워 줘야 합니다.

결론적으로 말해 아베정권이 들어서서 유독 한일 간의 갈등이 잦아지는 이유는 앞에서 말한 것처럼 그가 과거 군국주의 시대에 대한 미련을 버리지 못한 데에 있지 않나 싶습니다. 앞서 말한 역사적 부채의식은 커녕 일본 헌법9조의 개정은 물론 일체의 과거사문제를 일거에 불살라 버리려는 야심을 필생의 과업으로 삼아 온 듯한 행보를 보여 왔습니다. 그런 그의 입장으로서는 이번에 일으킨 무역보복은 언제 터져도 터질 일이었습니다. 일희일비할 것이 아니라 의연하고도 차분하게 대처함이 옳다고 여겨집니다.

그 옛날에도 신숙주는 일본과 관련하여 이런 말을 남겼습니다. "이적(夷狄)을 대하는 방법은 밖으로의 징벌에 있지 않고 내치에 있으며, 변방의 방어에 있지 않고 조정에 있으며, 전쟁에 있지 않고 기강을 진작하는 데 있다고 들었습니다." 나라가 튼튼하면 어느 외적이 넘볼 수 있겠느냐는 충언인 셈이지요. 미국의 케네디 대통령이 했다는 말을 한번 인용해 보는 것도 좋을 것 같습니다. "결코 두려워서 대화를 해서는 안 되지만 대화를 두려워해서도 안 된다." 모든 문제는 대화로 풀어 나가라는 얘기입니다.

─일본 측에서는 한·일협정 때 5만불 준 것으로 해결되었다고 하는데, 문재인 정부에서는 국가 간의 약속을 어떻게 해석하는지 신속하게 대처하지 않고 애매한 태도를 보여 왔습니다. 언제까지나 질질 끌려는지 답답합니다. 뾰족한 수가 없겠습니까?

차라리 항일인명사전을 만들면 어쩌겠느냐

김중위 - 이 문제에 대해서는 더 이상 계속 논의하지 않았으면 하는 것이 제 생각입니다. 민족문제 연구소가 친일 인명 사전을 만들 적에도 저는 그걸 만들기보다는 차라리 항일 애국지사 인명사전을 만들면 어떠냐는 의견을 낸 적이 있습니다. 친일인명사전에서 적시하고 있는 인물이 많으면 많을수록 이를 좋아할 사람들이 누구겠느냐는 뜻에서지요. 가뜩이나 일본에서는 한일합방이 합법적이었다고 주장하는 입장을 철회한 적이 없는데 우리가 나서서 계속 친일인명사전이나 만들고 있으면 "거봐라! 너희들이 원해서 합방이 된 증거가 바로 그것이다"라고 주장할 빌미를 주고 있는 것이 아닌가 해서지요.

그러나 기왕에 말이 나왔으니 한마디 하지요. 좌파 사람들이 주로 보수우파 사람들을 겨냥해서 인촌 김성수나 안익태 또는 홍난파 같은 사람을 친일파로 몰고 있는데 이런 것이 그동안 우리 젊은이들에게 심대한 영향을 준 『해방전후사의 인식』이라는 책으로부터 시작된 것이라고 저는 보고 있습니다. 말하자면 대한민국은 태어나서는 안되는 나라쯤으로 인식하고 있기 때문에 생긴 사고의 오류라는 것이지요. 과거 노무현 대통령도 그런 생각을 서슴없이 말했던 사람 아닙니까? 앞에서 말한 책에 의하면 북한은 민주기지론이라는 입장에서 6.25가 성공했으면 통일이 되었을 텐데 미국놈들이 참전하는 바람에 통일이 안되어 아쉽다는 논조 아닙니까? 그래서 우남 이승만 대통령을 폄훼하고 맥아더 동상을 깨부수려고 하는 것이지요. 그리고 또 북한에서는 철저하게 친일파들을 숙청했는데 대한민국에서는 오히려 친일파들과 기회주의자들이 득세한 나라이기 때문에 철저하게 응징해야 한다는 생각이 노무현을 비롯한 현 좌파들이 가지고 있는 생각들입니다.

과거 노무현이 한 말들을 보면 참 기가 찰 말들이 한 두 가지가 아닙니다. 일일이 열거할 수는 없지만 몇 가지만 봅시다. 그는 한반도 모두가 우리 영토이기 때문에 임의로 그은 NLL은 한반도 아래나 위 어디로 그어도 상관이 없다고 하거나 외국에 나가서는 북한 대사를 만나 내가 얼마나 북한을 위해 두둔하고 있는지 김정일에게 전해 주시오 같은 소리를 마음대로 하고 다녔어요. 북한에 가서 김정일과 나눈 대화는 더 끔직스러웠지요. 어떻게 보면 사고가 자유스러웠다고도 말할 수 있겠지만 남북문제에 대한 인식에 있어서는 뒤죽 박죽 엉망이었다고 할 수 있습니다. 그것이 다 해방 전후사에 대한 인식의 오류에서부터 배태된 것이라고 봐요. 그 연장 선상에서 문재인 대통령을 보아도 크게 벗어나 있지 않은 것 같습니다. 금년이 3.1운동 100년에 임시정부 수립 100주년이라고 해서 무슨 기념위원회라는 것까지 만들어 놓고 야단법석을 떨더니 정작 그 기념식에 문재인 대통령은 어디 갔는지 보이지 않고 국무총리만 참석하고 말았어요. 왜 그랬을까 하고 생각해 보니까 김정은이가 싫어하니까 그랬던 것이 아닌가 하는 생각이에요. 북한에서는 임시정부를 인정하지 않고 있으니까 말이지요. 그런 중요한 행사에 대통령이 참석하지 않는다는 것은 말이 되지 안잖아요? 100주년 행사보다 김정은의 뜻이 더 중요하다고 느끼고 있다고 보여지는 겁니다.

—민족문제연구소에서 친일인명사전을 내었는데, 공과(功過)를 공평하게 하지 않고 주로 과(過)를 들추어내어서 애국자들까지도 먹칠을 하는 꼴이 되었습니다. 박정희 전 대통령이라든지, 6.25전쟁영웅 백선엽 장군, 또는 '봉선화'를 작곡한 홍난파를 친일파로 모는 세상입니다. 맥아더 동상을 훼손하려 하고, 광화문의 세종대왕상과 충무공 이순신 장군의 동상을 옮기겠다는 발상은 도무지 이해가 되지 않은데, 어떻게 해석할 수 있겠습니까?

위수김동(위대한 수령 김일성 동지) 구호를 가슴에 새기고

김중위 - 광화문 광장에서 공산당과 김정은 찬양 데모를 하거나 이석기 석방을 공개적으로 요구하는 집회를 하는 양상도 위에서 살펴본 내용과 맥락을 같이 하는 것으로 봐야 하지요. 언제부터인가 골수 친북주의자들이 있다는 사실을 우리는 민주노동당이 정의당과 갈라설 때부터 실감하지 않았습니까? 종북주의자들과는 도저히 함께 당을 할 수 없다고 갈라져 나와서 만든 당이 정의당이니까요. 그런데 이런 종북주의자들은 사실 그 뿌리가 깊다고 보여집니다. 엄밀히 말하면 왜정 때부터 그 싹은 텄다고 봐요. 그러나 그때는 1917년 소련 공산혁명이 성공하는 것을 보고 우리도 저렇게 하면 독립할 수 있겠다는 생각으로 많은 지식인들이 독립운동의 방책의 하나로 선택하였던 것인데 현재의 종북주의자들은 그게 아니에요.

이미 학생운동 할 때부터 〈위수김동(위대한 수령 김일성 동지)〉이라는 구호를 가슴에 새기고 운동을 했던 세력들이 새끼를 쳐 가면서 활동하고 있는 것이 아닌가 생각됩니다. 제가 4.19의 주역이라면 주역인데 그 때는 그렇지 않았습니다. 오직 독재타도와 민주주의만을 부르짖었지요. 6.25를 겪은 세력이었으니까요. 지금까지 "나는 공산당이 좋아요" 하는 사람들은 어떻게 보면 북한에 의해 조종되는 사람이거나 아무것도 모르고 날뛰는 철부지라고 볼 수 있지요. 6.25 직전에 박헌영이가 심어 놓은 남로당 세력과는 그 질이 다르다고 보여집니다. 물론 이석기와 같은 부류의 사람들도 있어 내가 너무 낙관적으로 보는지 모르겠지만 그런 사람들은 어느 시대에나 조금씩 있어 왔다고 볼 수 있지 않을까요?

그런데 문제는 전교조 같은 단체들이 이념적으로 무장해서 학생들에게 역사를 왜곡되게 가르치거나 위수김동을 선동한다면 그건 가만히 두고 볼 수는 없는 거지요. 민주주의도 자기 방어권을 발동해야 합니다. 그런 측면에서 보면 교과서 문제나 교육정책 내지는 노동정책까지도 아주 심각하게 체제유지적 차원에서 눈여겨봐야 한다고 봅니다.

―좀 지난 이야기입니다만, 백주 대낮에 서울 도심 집회에서 김정은 북한국무위원장을 '위인'으로 규정하고 "나는 공산당이 좋아요."라는 외침이 나오는 지경에 이르렀습니다. 국가안보를 저해하는 행위를 정부가 방관해도 됩니까? 조계종·종단협에서는 내란선동죄로 징역을 살고 있는 이석기에게 인권상을 준다거나, 북한을 적으로 규정한 문구를 삭제한 '국방백서'는 어떻게 해석해야 하겠습니까? 6.25 직전 같은 분위기로 불안해서 여쭈어봅니다.

김중위 - 제가 30대 초반의 나이에 『사상계』 편집장을 맡아서 세상 무서운 줄 모르고 사상계에 글을 썼어요. 당시의 박정희 정권에 대해서 신랄히 비판하는 글들이었지요. 그런데 어느 날 대학원 때 지도교수이셨던 김상협(金相浹) 선생(나중에 고려대학 총장과 총리역임)이 집으로 좀 오라는 거에요. 그래서 당시 혜화동의 그분 집엘 갔더니 대뜸 하는 말씀이 "자네 요즈음 쓰는 글을 보니까 글은 그렇게 쓰는 게 아니네! 이 사람아 세상에 100% 잘하는 정권은 어디에 있으며 또 100% 잘못하는 정권은 어디 있겠나? 대충 공과가 4대6이 되거나 3대7이 되거나 아주 나쁘면 2대8쯤 되는 것이지 이 사람아 그런 법이 어디 있어? 자네는 온통 잘못된 것 뿐이야! 그렇게 쓰는 게 아니네! 그 얘기 좀 해 주려고 불렀어!"

국가채무가 천문학적인 숫자로 치솟는 데도

평소 그분에게서 많은 것을 배우고 또 사랑도 받았기 때문에 그 분의 철학이 고스란히 나에게 전해지는 순간이었습니다. 난세를 살아왔던 선배들의 몸에 배인 철학이 나에게도 어느 결에 원 포인트 레슨으로 각인되어 이 문정권의 공과를 공3 과7로 평가해 본 적이 있지요.

그러나 이제 와서 다시 생각해 보니까 정말로 무슨 공(功)이 있는지 알 수 없어요. 도대체 공이라는 것이 있기나 한 것인지 모르겠다는 얘기입니다. 임기 내내 북핵문제에 매달렸지만 계속 단거리 미사일만 쏘아대고 있으니 허망하게 끝난 셈이지요. 안보의식만 실종시켰어요. 무슨 소득주도 성장을 말하면서 성장은 커녕 경제는 그냥 주저앉아 버릴 지경이 됐지요, 적폐청산은 도리어 새로운 적폐양산으로 몸살을 앓고 있는 형국이죠, 교육 현장은 이념적으로 편향된 전교조의 득세로 사도(師道)가 무너지고 평준화 정책으로 교육실종이 눈앞에 다가온 것같습니다. 보시는 것처럼 정치는 산산이 부서진 이름이 되었지요, 어디 한군데 수리해서라도 쓸려고 해도 쓸 수가 없는 지경이 되었다고 봅니다.

말씀하신 것처럼 국가 채무가 천문학적인 숫자로 치솟는 데도 이를 걱정하는 사람 하나 없어요. 야당도 무슨 생각을 하고 있는지 정치싸움만 하려고 대들 뿐 인구문제, 국가 채무문제, 북핵문제 등 수많은 국가적 과제에 대해서 끝까지 문제를 파헤쳐 광정해 보려는 노력이 하나도 보이지 않아요.

저는 대통령의 성공이 곧 국민의 성공이라는 생각으로 언제나 대통령의 성공을 기원하는 사람입니다. 그런데 요즈음에는 대통령의 성공을 빌 수가 없어요. 그저 빨리 임기가 끝나기만 바랍니다. 대통령에게서 어디 한 군데 믿을만한 데나 기대할만한 구석이 보여야지요. 김정은에게는 비굴하리만치 아첨하고 한미 동맹 관계도 이 정권 들어와서 느슨해 진 것 같고 한일관계도 틈이 생겼으니 앞으로 대한민국이 어떻게 살아가야 할는지 조차 까마득 합니다. 신뢰가 가지 않습니다. 누구의 도움을 받아 통치를 하는지 알 수가 없어요. 흐리멍텅하게 웃음이나 흘리고 다니는 것 아닌지 모르겠습니다.

—어디선가 김중위 장관님께서 문재인 정권을 3대 7 정도로 보고 계시다는 말씀을 들었습니다. 공(功)을 3으로, 과(過)를 7로 보셨는데, 이것을 만회하려면 아무래도 지금까지 걸었던 길에서 반대방향으로 180도 전환해야 할 텐데 그게 어렵겠지요?

김중위 - 해방정국에서 우남 이승만(리승만, 1875~1965)이 정읍 발언을 통해 단독정부 수립을 선포한 것을 놓고 좌파에서는 끊임없이 반 통일세력으로 몰아가고 있는 것이 사실입니다. 아까 말씀드린 것처럼 그것이 바로 좌파들의 교과서라고 할 『해방전후사의 인식』에서부터 시작된 이론 체계이지요. 북한이야말로 민주기지로서 통일세력이고 대한민국은 친일세력이 득세한 나라 즉 없어져야 할 나라라는 개념이 머릿속에 자리 잡고 있으니까 이승만도 친일파로 몰고 있는 거죠.

해방정국에서 이 박사가 단독정부 수립을 주장하고 이를 관철시키지 않았으면 지금 우리는 어떤 상태에 있을 걸로 보세요? 우리도 김정은의 노예로 있지 않겠습니까? 당시 상황을 다시 한 번 볼까요.

남북분단은 찬탁과 반탁에서 사실상 기인된 것

미국은 소련을 태평양전쟁에 참전하도록 할 때만 해도 미국의 우방이라고 생각했어요. 그래서 전쟁이 끝나고 38선을 경계로 미국과 소련이 따로이 일본군의 항복을 받는 상황에서도 함께 한국을 신탁통치(信託統治)로 가다가 훗날에 독립국가로 하자는 데에 합의했지요. 이런 기미를 눈치 챈 이승만 박사는 김구(金九, 1876~1949) 선생과 함께 반탁(反託)을 주장하기 시작했는데 처음에는 공산당 사람들도 반탁 운동을 지지하다가 별안간 찬탁(贊託)으로 돌아섰어요. 이거야 말로 소련의 지령이었습니다. 그렇다면 소련은 왜 찬탁을 끝까지 지지했느냐 하면 이미 자신들이 점령하고 있는 북한만이라도 자신의 것으로 영원히 하려는 속셈이 있었던 것이지요. 이때 이미 소련은 김일성을 북한정권의 괴뢰로 만들어 놓은 상태였으니까요. 남북한의 분단은 바로 이 찬탁과 반탁에서 사실상 분단된 것이라고 저는 봅니다.

카이로 선언인가에서 루스벨트 대통령은 소련을 믿고 신탁통치를 구상했던 것 같습니다. 그 선언중에 "적절한 시점에 조선을" 어쩌구 한 얘기가 바로 신탁통치를 의미하는 문구였지요. 여하튼 그 해방 공간에서 좌우 합작이라는 것도 따지고 보면 미 군정의 전략에서 나온 것입니다. 이유는 그때까지만 해도 미 군정에 사사건건 반대하는 입장에 서 있는 이 박사가 껄끄러운 존재였으니까요. 미 군정은 소련을 믿고 미소공동위원회를 통해 한국문제를 해결하려고 했고 또 신탁통치를 끝까지 실행에 옮기려고 했는데 이를 방해하는 사람이 바로 이 박사였으니 말이에요.

그런데 참 우리에게 행운이 올려니까 1945년 4월에 루스벨트 대통령이 죽고 트루만이 대통령을 승계했습니다. 트루만은 대통령을 승계할 때까지도 미국에서 원자탄을 준비하고 있는지도 몰랐다고 해요. 그런 그가 일본에 대한 원폭투하를 지시하고 또 훗날 미소공동위원회도 무산 시키고 말았어요. 왜 그랬느냐 하면 그는 대단한 반공주의자였어요, 소련의 세력확장을 저지하려고 했던 사람이에요. 이 박사가 46년 6월인가 해서 정읍발언으로 단독정부를 주장할 때만 해도 미 군정청에서는 절대 반대하는 입장에 있었습니다. 북한에서는 이미 정식으로 북한 인민위원회라는 이름으로 정부수립작업이 진행되고 있는 데도 말이지요. 이런 옥신각신하는 과정에서 미국은 앞에서 말한 대로 두 차례에 걸친 미소공동위원회를 무산시키고 한국문제를 유엔으로 가져가게 된 것이지요. 미소공동위원회를 무산시킬 수밖에 없었던 이유도 소련이 끝까지 찬탁을 고집했기 때문입니다.

이런 모든 과정을 보면 남한만의 단독정부라는 말은 성립되지 않는 말입니다. 소련이 북한을 앞세워 한반도 전체를 공산화하려고 하니까 이에서 벗어나려고 발버둥치려니까 자연 대한민국 정부가 태어나게 된 것이지요. 단독정부라는 말은 오히려 북한 정권을 두고 말해야 합니다. 먼저 성립한 북한을 상대해서 정부를 세우려니까 불가피하게 대립정부가 되는 것이지 단독정부라는 말은 성립되는 것이 아니지요. 그런데 이런 현상이 오게 된 데에는 미국이라는 나라가 처음에는 소련을 몰라도 너무 몰랐던 데에 있지 않나 싶습니다. 그리고 시간이 갈수록 미국이 극동에 발목이 잡힐까 두려워 조바심을 친 것도 한몫을 한 것이라 봅니다.

―국가부채가 심각한데 걱정하는 사람이 없어요. 오히려 막대한 세금을 나눠주고 있어요. 대학 강의실 불 끄는 것도 직업이라고 세금을 낭비하니 장차 나라가 어떻게 될지 걱정입니다. 자기 개인 돈이면 그렇게 쓰겠습니까? 주인은 보이지 않고 건달들만 보이는데 왜 그럴까요?

진보는 큰 정부를, 보수는 작은 정부를 지향

김중위 - 좋은 말씀 주셨는데 아닌 게 아니라 우리나라의 진보라는 것은 엄밀히 말하면 유럽에서 말하는 진보와는 사뭇 다른 좌파입니다. 지금 말씀하신 것처럼 남로당의 바이러스가 지금까지 잠복해 있다가 친북주의로 살아 움직이는 성격의 이념이라고 할 수 있지요.

학자들은 진보주의는 기본적으로 평등과 분배를 이념으로 하고 보수는 자유와 성장을 기본으로 삼고 또 진보는 큰 정부, 보수는 작은 정부를 지향하는 것으로 설명합니다. 그런데 문제는 유럽에서의 좌우는 모두가 우리가 생각하는 자유와 민주주의를 기본 가치로 하는 데 반해서 우리의 경우는 그렇지 않다는 데에 문제가 있습니다.

그러기에 저는 우리나라의 진보는 친북에 따른 역사왜곡에다가 경쟁의 억제와 함께 반기업 반시장 경제정책을 추구하는 바람에 지금 우리나라는 많은 분야가 엉망이 되고 있다고 보고 있습니다. 간단한 예로 역사왜곡에서는 아까 말씀하신 대로 제주 4.3사태나 이승만에 대한 평가 같은 것이 있고 경쟁의 억제분야에서는 대표적으로 자사고 폐지나 대기업 길들이기 같은 상황을 우리는 목격하지 않았습니까?

그러기에 우리나라에서의 좌파와 우파는 빙탄(氷炭) 간이어서 도저히 서로가 보완하면서 정치를 할 수는 없다고 봅니다. 과거의 여·야간 즉 공화당 때 까지만 해도 당시의 야당은 비록 야당이지만 대한민국 수호세력이었습니다. 말하자면 자유민주주의의 체제를 수호하기 위해 민주화 운동에 앞장선 것이지요. 한 예로 제가 『사상계』에 있어 봐서 알지만 장준하(張俊河, 1915~1975) 선생만 해도 박정희 대통령에 대한 극렬한 반대자입니다만은 절대로 우리의 자유민주주의 체제를 부정한 적은 없습니다. 박 대통령이 독재정치를 하니까 민주주의를 하자는 뜻으로 반독재운동을 한 것이지 체제전복운동을 한 적은 없어요.

현재 일부 좌파들 사람들이 그 분을 자기네들의 우상처럼 떠받들고 있는데 그것은 그분의 명성을 등에 업고 자기네들의 목적을 성취시켜보자는 것일뿐 절대로 그분은 좌파가 아니라 철저한 보수주의자입니다. 그런데 1980년대의 신군부가 집권하면서부터 반미 반체제운동이 민주화 운동인 것처럼 변질되었습니다. 그건 5.18광주 참극이 빚어낸 결과이지요. 그래서 운동권세력이 새롭게 태동되어 마르크스 레닌주의니 주체사상이니 모택동주의니 하면서 6월 항쟁을 통해 386 세력이 나오고 뒤이어 586

세력이 나왔는데 이들의 이념적 지향점은 역시 어쩌면 좌파 근본주의에 있지 않나 싶습니다. 근본주의라는 것은 어느 경우에나 이상주의를 바탕으로 한 급진주의이기 때문에 현실주의를 바탕으로 한 점진주의자들인 보수주의자들과는 융합하기가 어려운 것이 현실입니다. 제 생각으로는 우리의 좌파가 운동권적 의식에서 빨리 벗어나야 할 것으로 봅니다. 그럴려면 시간이 좀 필요하겠지요. 어쩌면 통일되기 전까지는 어려운 일일는지도 모르겠습니다.

―지금 대한민국 국민이 책을 읽지 않습니다. 그러니 머리가 비어서 깊이 생각하지 않습니다. 어려움을 피해서 편하게 놀 궁리만 합니다. 정부는 청년들에게 놀아도 돈을 주기 때문에 반거들충이가 양산됩니다. 직업훈련을 시켜서 직업을 갖게 해야 할 텐데 국민세금으로 선심을 쓰고 있습니다. 이런 식으로 가면 앞으로 어떻게 되겠습니까?

문재인 정부 하는 실태를 보면, 성냥을 가지고 놀면 재를 저지르지 말라는 어머니의 꾸지람이 생각납니다. 재를 크게 저지른 모택동의 문화대혁명이라든지, 북한의 인민재판이 생각납니다. 인민재판이란 이유 없는 미움이 들끓었기 때문입니다. 돈 많이 벌어 세금 많이 내는 재벌을 미워하는 것도 그렇고, 당번병을 썼다고 육군대장을 감옥에 처넣은 것도 그렇습니다.

저는 3사단 백골부대에 있었는데, 졸병 때는 수송부 운전병들 군복을 다 빨았어요. 3년간의 군복무를 불평 없이 했습니다, 당번병으로 썼다고 상관을 고발한 병사는 전쟁을 할 수 없습니다.

과거에는 상관이 연병장 눈을 치우라는 명령이 떨어지면 삽시간에 눈을 치웠습니다. 제설도구가 없어도 남의 상점 문짝을 떼어서 눈을 치우고 나서 문짝은 본디대로 만들어줍니다. 그래야 차량을 움직여 기동력을 발휘할 수 있고, 전쟁이 벌어지면 적을 막아낼 수 있기 때문입니다.

이제는 북한을 감시할 수도 없고, 신무기 개발은 북한의 허락을 받아야하며, 스마트 폰을 사용하는가 하면 외출을 늘리는 등 6.25 직전 같은 느낌이 드는데, 이래도 되겠습니까?

김중위 선생님의 「해방정국의 풍경」이라는 글을 보니까 남북분단의 과정이 선명하게 드러납니다. 소련은 일찌감치 평양에 소련군사령부를 설치하고, 일본이 항복한지 불과 5일이 지난 20일에 포고령을 발표하였고, 사령부를 설치한 날은 그날부터 4일이 지난 1945년 8월 24일이라고 표기되어 있습니다.

그런데 맥아더 원수가 일본의 항복을 접수하면서 발표한 미소 양국의 남북한 분할점령 발표는 소련의 북한점령보다 일주일이나 뒤인 9월 2일입니다. 여기에서 중요시되는 것은 좌우합작운동이 흐지부지되고, 신탁통치로 상황이 어려운 것을 파악한 이승만이 남한만의 단독정부수립의 필요성을 역설했다는 점입니다. 그렇게 하지 않으면 한반도는 공산화된다고 보기 때문입니다.

그런데 좌익은 이승만이 마치 좌우합작을 외면하고 남한만의 단독정부를 세웠다고 비난하는데, 왜 그렇게 억지를 쓰는지 속이 시원하게 말씀해 주시기 바랍니다.

광화문광장 정치집회 불허방침을 세운 서울시가 이석기 전 통합진보당 의원 석방을 요구하는 대규모집회를 허가해 형평성 논란이 일고 있습니다. 과거의 통진당 사람들을 비롯해서 민중당과 민주노총 등 60여개 단체 회원 2만 여명은 광화문광장에 모여서 이석기를 석방하라고 큰소리치는 세상이 되었습니다. 그들은 광화문촛불시위 때도 거기에 있었던 사람들입니다. 문재인정부가 내세우는 광화문집회 촛불은 신석정의 촛불이나 바슐라르 촛불처럼 순수하지 않다는 게 드러났습니다. 장기로 말하면 졸이 뒤로 가기도 하고, 차가 포처럼 넘어가기도 하는데, 이래서야 되겠습니까?

김중위 - 그게 바로 우리가 처한 현실입니다. 이석기 석방하라는 집회인 줄 뻔히 알면서도 짐짓 모른 체하면서 집회허가를 내주고 몰랐다는 식의 오리발 내미는 사람이 바로 서울시장 박원순이 아닙니까? 그 사람 좋은 일 하는 척 하면서 남의 돈 끌어모아 재야 시민운동 한 사람이지요. 대기업 하는 사람들이 그가 창립한 참여연대에 무조건 돈을 줬어요. 뭐 이뻐서 줬겠습니까? 뻔한 일이죠. 여기서 말하는 시민운동이라는 말이 곧 반미운동이고 반체제운동하는 사람들을 말하는 거예요. 환경운동도 그래요.

환경운동이 순수 환경운동이 아니라 정치운동을 해 온 거예요. 박원순이가 서울시에서 민간단체 보조금을 주었다면 대부분은 아마 자기와 성향이 비슷한 시민단체에 주었을 겁니다. 아주 음흉하고 흉측스러운 사람 아닌가 싶어요. 그런 사람인 줄도 모르고 서울시민들이 시장으로 뽑아주니 한심하단 얘기지요.

나는 그 사람한테 직접 당한 사람입니다. 16대 선거때 무슨 낙천 낙선운동을 한다면서 그가 내 선거구에 나타나 낙선운동을 한 장본인입니다. 당시 김대중 대통령이 저항권적 차원에서 낙선운동을 하라고 부추기니까 이들은 신이 나서 무소불위로 날뛰었어요. 무법천지가 따로 없었어요. 낙선이라는 완장을 차고 수십 명씩 떼로 몰려 구호를 외치거나 자전거 시위를 하거나 별 생쑈를 다 했어요. 선거 해방구가 된 것이지요. 선관위원이나 경찰은 그 난장판을 모른 척 눈감고 있더라구요. 그런데 왜 김중위가 낙선운동의 대상이어야 하느냐 하는 것이 문제입니다.

당시 낙선 운동의 대부분은 보수 우파의 논객들입니다. 말하자면 더불어민주당이 집권하자마자 이해찬 대표가 "보수 우파를 궤멸시키자"고 한 말처럼 보수 우파 논객들을 절멸시키려는 작전이었던 것입니다. 그 작전의 중심에 있었던 사람이 박원순이고 그 첫 번째 피해자가 김중위라는 얘기입니다. 그렇다면 그 사람의 정체를 알 수 있는 거 아닙니까? 하도 억울해서 선거법 위반으로 고소를 했더니 벌금 천만 원이 부과됐는데 그러면 무슨 소용이 있어요. 나는 이미 낙선하고 말았는데…. 엄밀히 말하면 선거무효 판결이 나왔어야 하는 겁니다. 선거 시작 전에 62%의 지지를 받고 있었는데 낙선을 했으니 얼마나 억울하겠어요? 지금도 그 생각만 하면 당장 쫓아가서 요절을 내고 싶은 심정이에요.

─국가가 국민에 관심을 쏟아야 하겠는데 오히려 국민이 국가를 걱정하고 있습니다. 새가 양 날개로 날듯이 좌익과 우익이 합심협력하면 좋겠는데, 그게 어려울 것 같습니다. 아무래도 상반된 이념 때문이겠지요?

최근 문재인 대통령의 충무공 이순신 장군 발언이나 조국 청와대 민정수석의 '죽창가' 발언은 제정신인가 하는 생각이 듭니다. 1894년이면 125년 전의 이야기인데, 우금치에서 죽창을 든 2만여 명의 동학농민들이 목숨을 잃었지 않았습니까. 일본군 전사자가 1명 뿐이라는 것은 기관총이라는 신무기 때문이 아닙니까. 그렇게 당했으면 우리가 더 강한 힘을 가져야 한다는 자각이 일텐데, 대책은 없으면서 큰소리만 치고 있으니 답답합니다. 이럴 때는 어찌해야 하겠습니까? 이 어려운 시대에 국민은 우왕좌왕하는데, 어떤 자세가 필요하겠습니까? 귀감이 될 말씀을 해주시기 바랍니다.

김중위 - 저는 지금 이 시국을 참으로 안타깝게 생각합니다. 나라의 뱃머리가 어디로 향하고 있는지 국민들은 알지 못하고 있으니 말씀하신 대로 국민들은 우왕좌왕하고 있는 형편이고 일본이나 중국·러시아까지도 한미 동맹의 현주소를 알아보기 위해서인지 우리의 영공을 함부로 침범하고 있지 않습니까? 이게 왜 이렇게 되었느냐! 문재인이 그렇게 만든 겁니다.

제가 보기에 지금 우리나라는 서서히 가라앉는 배와 같은 형국에 있다고 봅니다. 우리 세대에 이르기 까지의 국민들이 전쟁의 폐허 위에서 마이카시대를 열고 세계10위권을 넘나드는 부국으로 만들어 놓은 나라를 문재인 정권이 들어 폭삭 망하도록 만들고 있어요. 그게 눈에 보이잖아요? 동네 상가에 한번 나가 보세요. 이집 저집 문 닫은 상가가 한둘이 아닙니다. 국가 부채는 천정부지죠, 일자리는 줄어 들지요, 큰 기업은 전부 해외로 빠져 나가지요, 연구실 불은 꺼져 있지요, 교실은 무너져 가고 있지요, 예산은 선심 쓰느라고 바쁘지요, 안보의식은 희미해져 가지요, 어느 한군데 성한 곳이 없어요. 이래 가지고 나라가 어떻게 안 망합니까?

흐리멍텅하게 나가다가는 북한에 얕잡아 보여

그런데도 문재인이라는 사람은 큰소리쳐요. 남북 경제협력으로 일본 경제를 능가할 수 있다고 말이지요. 이게 말이나 되는 거에요? 북한에 무슨 협력할 경제가 있다고 남북경협을 들먹이고 있느냐 말이에요. 정말로 오지랖 너른 소리 하고 있는 거예요. 문재인이가 애걸복걸해도 김정은 눈 하나 깜작이지 않고 미사일 쏠 놈이에요.

내가 생각하기에는 지금 일본과의 갈등은 문재인이가 퇴진하지 않고는 해결이 나지 않을 겁니다. 일본 아베의 지금 행보는 어쩌면 트럼프와 보조를 맞추고 있는 거 아닌가 하는 생각이 들어요. 미국의 세계전략에 언제나 문재인이가 장애물이 되어 있는 데다가 쓸데없이 일본을 자극하는 언사로 아베를 기분 나쁘게 하는 인물로 낙인찍힌 게 아닌가 하는 생각이에요. 그래서 나는 내년 총선에서 우리 국민들이 문재인에 대한 심판을 아주 처절하게 해 주었으면 합니다. 그런데 문제는 또 야당에 있어요. 야당은 왜 또 그렇게 많은지! 그러기에 어느 한 정당도 수권태세를 갖출 수가 없어요. 이게 문제지요. 어떻게든 야당이 수권태세를 갖추도록 국민들이 압력을 넣어야 돼요. 그리고 야당에서는 이런 국민들의 압력을 바탕으로 통합을 이루어 내야 합니다. 일본문제나 미국과의 관계나 지금 이 좌파정권을 바꾸지 않으면 해결되지 않는다는 점을 분명히 국민들에게 메시지를 보내야 합니다.

대북문제도 그렇습니다. 분명히 명확한 적대관계 속에서 평화를 유지해 나갈 생각을 해야지 지금처럼 흐리멍텅하게 나가다가는 북한으로부터 조롱이나 당하고 얕잡아 보여서 당하기만 할 것입니다. 상대의 기를 꺾어 놔야지 지금처럼 기를 한껏 살려 나가다 보면 언제 당해도 당하고 맙니다. 한 번 당하면 그때는 되돌릴 수 없습니다. 결론적으로 말해 지금 이 좌파정권을 하루 빨리 물러나게 해야 합니다. 지금 대한민국이 살아나갈 길은 그 길밖에는 없습니다. 새로운 세력을 통해 새로운 활력을 얻어야 합니다.

―장시간 대단히 감사합니다.

김중위 (金重緯)

고려대학교 정경대학 및 대학원 졸업(정치학 석사)
고려대 정경대 및 명지대 강사. 고려대 정책대학원 초빙교수
월간 『사상계』 편집장 / 국회 12·13·14·15대 국회의원(4선) / 환경부 장관
광복회 회원(현)/ 독립기념관 이사 역임 / 헌정회 편집위원회 의장(2회 역임)
월간 『순국』 편집고문(순국선열 유족회 발행) / 수필등단(수필문학) / 시등단(월간 문학저널) / 강동문인회 명예회장(현) / 한국 시조협회 고문 / 국제 PEN클럽 고문 및 한국문인협회 자문위원(현) / 제1회 익재문학상수상 / 정치와 반정치(정음사:편역) / 의회주의의 몰락(탐구당) / 권력과 부패 (한벗사:편역) / 비지배의 정치론(범학사)

'증오의 철학' 변증법적 유물론을 걷어내자

이 글은 마르크스 탄생 200돌에 즈음하여 본지 황송문 주간이 지난 7월 18일 손대오 박사와 인터뷰한 내용이다. 한치 앞도 내다볼 수 없는 불확실한 시대에 "뿌리 깊은 나무와 샘이 깊은 물"을 연상하면서 격랑의 원인을 찾아보고 그 대안을 모색하기로 하였다. 독자제현은 손대오 박사의 사문즉답을 경청해주기 바란다.　　　　　　　　　　　　　－ 편집자 주 －

　　—오랜만입니다. 마치 안개 속처럼 미래가 보이지 않는 상황에서 고견을 듣고자합니다. 잘 아시는 바와 같이 마르크스가 태어난 게 1818년 5월 5일이니까 탄생 200주년이 되었습니다. 프로이센과 프랑스 경계지역인 라인란트 트리어에서 태어나 노동자의 역사연구에 평생을 바친 인물이지요.

20세기 역사는 온통 마르크스 시대라 해도 과언이 아닐 정도로 대단한 영향력을 미쳤지요. 전 세계의 절반을 공산혁명으로 집어삼킬 만큼 사상적인 흡인력이 대단하지 않았습니까. 그러다가 공산주의는 종명(終命)을 고했지요.

　거기에는 마르크스의 결정적인 오류라든지 자체모순에 의한 결말로 보입니다. 가령 신(神)을 인정하지 않고 무신론으로 빠진 거라든지, 인간을 제대로 이해하지 못하고 역사를 잘못 해석한 유물사관(唯物史觀), 그리고 노동자를 옹호하다보니까 자본가를 증오하게 되고, 그러한 증오의 철학은 계급투쟁이론으로 엄청난 비극을 초래하게 되었다고 봅니다. 요즘 젊은이들은 이런 내막을 모르는 것 같아요. 마르크스의 유물사관은 왜 이유 없는 미움이 들끓게 하는지 그 자초지종을 말씀해 주시겠습니까?

　손대오 - 마르크스의 인간에 대한 인식이 그 출발점에서부터 잘 못된 확신과 단정을 함으로써 그런 증오심을 선동하고 조장하는데 문제의 심각성이 있는 것입니다. 마르크스주의는 단편적인 어떤 한 영역에 관한 개별적 사상이나 철학, 또는 학설, 이론이 아닙니다. 자연계와 인간, 사회와 역사를 관통하는 만유의 법칙, 곧 theory of everything이 있다는 것입니다. 그것이 바로 「변증법적 유물론」이라는 철학-세계관입니다. 한마디로 자연과 사회, 역사의 변화와 발전을 지배하는 만고불변의 법칙이 「유물변증법」이란 것입니다. 유물변증법에 의하면 이 세계는 물질로 구성되어 있으며 (唯物論), 따라서 정신이나 의식은 물질의 소산이거나 기능에 불과한 것(無神論)이라는 것입니다.

그런데 이 물질은 고정·불변하는 것이 아니라 끊임없이 운동하며 변화하고 발전하고 있다는 것입니다. 이것이 소위 변증법입니다. 곧 물질이 변증법적으로 운동 변화 발전하고 있는 것이 자연계요, 인간사회요, 역사과정이라는 것입니다. 이렇게 되면 인간은 고등동물이란 결론이 나올 수밖에 없습니다. 다윈의 진화론을 마르크스와 엥겔스가 적극 지지하고 의심할 수 없는 과학적 진리로 받아들인 것입니다. 실제로 엥겔스는 '자연의 변증법'(1875~6년)을 집필한 다음 뒤이어 자연변증법의 결론처럼 진화론에 입각한 '원숭이의 인간화에서 노동이 한 역할'이라는 논문을 발표했습니다.(1876년 6월)

변증법에 뿌리 뻗은 모순 대립 투쟁의 증오철학

이 논문은 마르크스주의를 입문하는 자들에게는 필수의 교과서가 되어있는 것입니다. 즉 인간은 물질이 진화하여 원숭이 단계까지 나왔는데, 그 원숭이가 원시노동을 통하여 도구를 사용하면서 점점 직립하고 언어를 배우면서 두뇌가 발전하여 이성을 가지는 인간이 되었다는 것입니다. 이런 인간에게는 육체적인 욕구가 본질적이고 필수적이 됩니다(토대). 물질적 욕구 즉 경제가 전부이고 여타는 부차적이 되고 맙니다. 정신적 영적 욕구나 필요성은 종속적인 것이 되고 맙니다(상부구조). 그렇기 때문에 종교는 설 자리가 없고 특히 유신론인 기독교는 없애야 할 유해한 아편이라고 까지 공격하는 겁니다.

마르크스가 주장하고 있는 변증법적 유물론을 그의 독창적인 발견이라고 보면 틀린 얘기입니다. 유물론은 포이엘 바하로부터, 변증법은 헤겔로부터, 진화론은 다윈으로부터 차용하여 이 세 가지 이론을 습합하여 자기의 정치적 야망을 달성시킬 노동계급을 선동하기 위한 이론을 과학이라고 포장하여 발표한 것이 공산주의 사상입니다. 계급투쟁의 주력군인 프롤레타리아에게 철학적 무기로 창안한 것이 마르크스주의 사상인 것입니다.

각종의 기득권자들(正) 특히 자본가들로부터 잉여가치를 착취당하면서 소외된 인간의 전형인 노예노동자들(反)을 해방시키기 위해서는 폭력혁명을 선동하지 않을 수 없기에 여기서 증오심을 부추기기 위한 계급투쟁 논리를 등장시키는 것입니다. 계급투쟁 곧 폭력혁명을 통해 이루어지는 새 세상은 바로 사유재산이 철폐되고 능력에 따라 일하고 필요에 따라 분배받는다는 공산주의 유토피아(合) 사회가 도래하게 된다고 선전·선동하는 것입니다.

문제는 바로 이 선동논리가 만고불변의 철칙이 된 변증법의 모순 대립 투쟁을 통한 발전의 법칙이라는 정반합(正反合) 논리에서 도출되고 있는 것에 주목하지 않을 수 없습니다. 공산주의는 변증법에 뿌리를 둔 증오의 철학입니다. 그것도 전면적이고 총체적인 증오의 세계관인 변증법적 유물론으로부터 그 심각하고 반문명적, 반인간적, 반인권적인 역사관, 정치경제학, 사회 문화 교육이론을 도출하고 있습니다.

여기서 우리는 이 증오와 파괴의 철학인 변증법이 과연 자연과 사회와 역사를 관통하는 만유의 법칙인가? 유물론이 또한 검증된 과학으로 굳어진 진리인가를 묻지 않을 수 없는 것입니다. 그 대답이 만일 예스(yes)라면 마르크스는 진리의 대변자가 될 것이고 노(no)라면 거짓 선지자로 전락하게 되는 것입니다. 이제 마르크스가 태어난지 200년(1818년), 러시아공산혁명100년(1917년)이 지난 이 시점에서 볼 때 그 결론은 자명해졌다고 봅니다.

―마르크스는 학자였기 때문에 그가 폭력혁명을 선동하는 공산혁명으로 그렇게 많은 사람이 파리 목숨으로 죽어나가는 그런 결과를 바라지는 않았겠지요. 그런데 정의감에 불탄 나머지 "만국의 노동자여 단결하라. 프롤레타리아가 잃을 것이라곤 쇠사슬 뿐이요 얻을 것은 전 세계다. 전 세계의 프롤레타리아여, 단결하라!"고 웨친 그 함성은 끔찍할 정도로 과격한데, 학자의 발성이라고는 믿어지지 않습니다. 자본가가 투자하여 공장을 세우지 않으면 노동자도 없을 텐데 왜 이렇게 투쟁적이지요?

계급투쟁을 선동하여 폭력혁명을 일으킨 혁명가

손대오 - 앞서 얘기가 나왔습니다만, 마르크스가 프롤레타리아(무산계급)를 공산혁명투쟁의 주력군으로 세워야 했기 때문인 것입니다. 마르크스를 훌륭한 학자라고 볼 수는 없다고 봅니다. 계급투쟁을 선동하여 폭력혁명을 일으키고 공산당의 일당독재를 쟁취하기 위해 평생을 투쟁한 직업혁명가라고 해야 할 것입니다. 초기 자본주의 사회의 비인간적인 참상에 대하여 마르크스가 품었을 정의감을 일정부분 인정한다 하더라도 그것을 해결하는 해답으로써 극단적인 증오와 투쟁의 철학인 유물변증법을 독선 독단한 것은 학자의 자세가 아닙니다. 따라서 그가 글을 쓰고 저작물을 발간하고 조직활동을 한 것은 처음부터 공산혁명을 위한 정치투쟁 곧 권력쟁취의 목적을 위한 것이라고 봐야 할 것입니다.

—신문에서 읽은 적이 있는데, 마르크스가 '역사는 반복된다.'는 헤겔의 경구를 인용하면서 첫 번째는 비극이고, 두 번째는 웃음 소(笑)자 소극(笑劇)이라고 했는데, 윤소영 교수는 『위기와 비판』이라는 책에서 세 번째로 반복될 수 있는데, 그건 바로 '사기극'이라고 했습니다. 5월 11일자 중앙일보를 읽다가 깜짝 놀랐는데, 그 한 단락만 그대로 옮겨보겠습니다.

"노무현식 인민주의가 부활하고 있다. 그런 인민주의를 '정치가적 포퓰리즘'이라고 부른다. 정치를 피아(彼我)로 나눠 적대시하고 의회정치를 무시하고 대중의 감정에 호소하는 것이다. '쇼통'이라는 말이 나올 정도다. 소득주도 성장론은 경제학적 사기다. 기존의 성장론과 대비되는 반(反)경제학이다. 『시장과 전장』에서 박경리 선생이 갈파했듯이, 얼치기 지식인들이 살아남는 방법은 두 가지다. 바보가 되든지 사기꾼이 되든지. 지식인은 바보 노릇 할 수는 없으니 사기꾼이 되는 거다."

마르크스 얘기를 하다가 오늘의 현실 얘기로 이어졌습니다. 한국의 대표적 마르크스주의 경제학자 윤소영 한신대 교수는 "남한에서 마르크스주의는 노동자주의 때문에 타락했다."고 썼는데, 맑스 이념과 관련해서 어떻게 해석하면 좋겠습니까?

손대오 - 나는 윤소영 교수의 여러 저술들을 다 읽어보지 않았기에 어떤 맥락에서 그런 얘기를 했는지 잘 모르겠지만, 윤소영 교수는 마르크스주의를 공부하고 신봉하는 학자 중 경제학을 전공한 분으로 압니다. 어떤 글에서 윤 교수가 마르크스주의자가 된 것은 현대경제학의 이론적 결함을 마르크스주의로 해결할 수 있다고 생각했기 때문이라고 하면서, 자기는 386세대처럼 울분 때문에 마르크스주의자가 된 것이 아니라고 말하고 있더군요.

이런 맥락에서 본다면 윤 교수는 386세대들을 정치권력 쟁취형 마르크스주의자들로 보고 있는 것 같고 자기는 학자로서 한국의 마르크스주의운동을 비판적 시각으로 보고 있다는 의미가 아닌가 합니다. 그런 비판적 시각에서 볼 때, 한국의 현 노동운동계는 마르크스가 주장한 노동운동에서 볼 때 크게 일탈하고 있다는 지적이 아닐까합니다. 노동귀족이란 말을 듣는 노조지도부들이 일반대중의 지지를 잃어버린 것 등이 그 좋은 예일 겁니다.

대중에게 설탕물 뿌려주는 인민주의 포퓰리즘은 사기행위다

좌파경제학자로서 문재인정부의 경제정책인 소득주도성장론, 임금주도 성장론을 신랄하게 비판한 내용이라고 생각됩니다. 윤 교수가 최저임금인상 임금주도성장 등을 통해 대중에게 설탕물을 뿌려대는 인민주의 포퓰리즘은 경제학적인 사기행위라고 한 것은 문 정부에게는 뼈아픈 지적일 겁니다. 눈먼 자가 눈먼 자를 인도하면 함께 도랑에 빠진다는 성경 얘기까지 하고 있는데 그가 현 정부의 경제 각료와 그 정책이 얼마나 엉터리인가를 지적하고 있는 대목이 눈에 뜨입니다.

―마르크스 사상은 스스로의 모순에 빠져서 자멸해버렸는데, 아직도 오늘날 지식인들에게 읽히는 까닭이 어디에 있다고 보십니까? 부익부 빈익빈이라는 양극화의 심화라든지 반복되는 외환위기, 경기침체, 인간차별 등 현대 자본주의 폐해에 대한 문제의식 때문에 향수를 느끼겠지만 너무도 혹독하게 겪지 않았습니까? 마르크스 유령이 되살아나는 겁니까?

손대오 ―마르크스와 엥겔스가 1848년에 발표한 〈공산당 선언〉의 첫 문장에 유령이 등장합니다. 즉 '하나의 유령이 유럽을 배회하고 있다. ―공산주의라는 유령이다.' 이 말은 마르크스주의의 본질을 잘 드러내주는 언표라고 봅니다. 유령이 나타나는 장소나 환경이 조성되면 그 유령은 언제든지 나타날 기회를 엿보고 있는 것이라는 뜻인 게지요. 공산주의라는 유령은 언제 어디서나 기회와 여건이 조성되면 출몰하게 된다는 것입니다. 이는 마치 병원바이러스(공산주의 유령)는 인체(사회-국가)가 건강하여 면역성을 갖추고 있을 때는 얼씬거릴 수 없지만 그 사회나 국가(인체)가 건강을 잃어버리게 되어 면역성이 약화되면 내부에서 꿈틀거리든가 외부로부터 밀고 들어온다는 말입니다.

실제로 1993년, 소련과 동구의 공산주의 국가들이 붕괴한 후에 자크 데리다가 〈마르크스의 유령들〉이란 책을 저술했습니다. 공산주의의 몰락과 자본주의(시장경제)의 승리가 최종 선언된 당시 마르크스주의의 종말은 확실한 대세였습니다. 바로 그 시절에 신좌익 데리다는 마르크스주의는 소멸하지 않고 끊임없이 회귀한다는 메시지를 내놓았던 것이지요. 방금 언급한 바이러스와 면역의 건강성 관계와 궤를 같이 하는 얘기입니다. 그런데 죽은 지 200년이 된 마르크스의 유령이 지금 한반도에 어슬렁거리고 있는 것이 확인 되고 있는 현실입니다. 왜 그럴까요?

마르크스주의가 내걸었던 '차별 없는 무계급 평등사회'라는 선동적인 슬로건은 여전히 공짜를 좋아하는 대중들에게는 매력적일 수밖에 없는 것이겠지요. 실제로 공산혁명을 실천해보았던 여러 국가에서는 이 슬로건의 거대한 기만 사기극에 지옥과 같은 엄청난 피해를 겪은 것이 다 드러났습니다. 한국의 현 상황이 마르크스의 유령이 되살아나게 된 것은 안타까운 일이지만 남북이 분단되어 있는 우리의 현실에서 기인한 것이라고 봅니다.

흔히들 냉전은 끝났다고 하는데 한반도의 현실은 천만의 말씀입니다. 북한이 과거의 공산제국들이 그들의 정치체제와 경제제도를 바꾼 것처럼 변화되었나요? 오히려 그 반대로 3대 세습왕조를 꾸리면서 마르크스주의의 퇴행적 변종인 김일성주체 유일사상의 세습전제왕조가 되어있는 것이 아닙니까? 얼마나 더 버틸 수 있을 것인지는 지켜봐야겠지만, 문제는 남한의 현 정부의 집권층에 소위 386주사파운동권출신들이 자리를 잡고 있다는데 있습니다.

일반 대중들은 그 동안 발전해온 한국경제의 수혜를 엄청 향유하고 있지만 그 고마움을 잘 모르고 있는 사회의 풍토가 문제이지요. 지옥 같은 조선! 이라니? 북한이야말로 헬 조선인데 그 반대로 대한민국을 칭하는 말이라니… 우리의 교육이 얼마나 잘못되고 있는지 반성해야 합니다. 마르크스의 유령은 어느 나라에서도 정치 경제 사회 전 분야에서 한국의 현재처럼 배회하는 곳은 없다고 말하겠습니다.

죽은 지 200년 된 맑스의 유령이 한반도에서 어슬렁거리고 있다

지식인들이 소위 강남좌파가 되어 배부르고 등 따신 소리하고 있는 동시에 권력추구의 욕구를 따르고 있는 것이지 학문의 시시비비를 논하는 비판적 지식인이라면 마르크스주의를 따를 수는 없는 것이지요. 여기에는 여러 가지 원인이 있겠지만 그동안 한국의 보수 우파 지식인들의 안일과 게으름도 한 요인이고, 정권 담당자들의 무이념 무사상이 좌파운동권들의 북한과 연계한 끊임없는 공작에 밀린 것도 빼놓을 수 없다는 것이 우리가 직면하고 있는 오늘의 현실입니다.

—마르크스를 인간적으로 재조명하는 서적들이 잇달아 출간되고 있지만, 그 이론의 맹점을 제대로 지적해내는 수준 높은 저서는 찾아보기 어렵습니다. 손대오 박사께서는 그 분야에 해박한 줄 알고 있습니다. 대한민국 국민이 그 분야에 너무도 무식하고 무지합니다. 마치 장작을 빠개듯이 명쾌하게 갈파해 주시면 고맙겠습니다.

손대오 - 지식인들의 자기의 지적 만족을 위한 연구나 주장이 사회성을 가진다는 데 그 심각성이 있는 것입니다. 이런 면에서 학생을 가르치는 교사나 교수들의 가치관-세계관이 대단히 중요한 것입니다. 기독교를 위시한 종교계의 성직자 목회자들의 책임도 예외일 수 없습니다. 마르크스주의자들은 계급적 불평등이 제거되는 유토피아는 공산주의 세계 건설이라고 온갖 감언이설을 다 펼쳐 보이며 선전 선동하고 있는 것입니다.

여기에 순진한 지식인들이 걸려들고, 세상의 경험이 일천한 20대 전후의 청년들이 현혹됩니다. 이들이 입만 열면 거론하는 착취, 억압, 빈곤, 지배계급, 불평등, 계급, 소외, 비인간화, 양극화, 부정, 비리, 부패, 민주주의, 평화, 능력대로 일하고 필요에 따라 분배받는 사회, 해방, 잃는 것은 쇠사슬, 얻는 것은 세계, 반제반봉건, 민주기지, 민족해방, 계급해방, 자본가들의 횡포, 갑질, 보수꼴통, 적폐청산, 기득권자, 남성우위, 성평등 등, 인간의 감성을 건드리는 언어들이 아닌 술어가 없습니다. 선동과 선전으로 대중들의 감성을 자극하여 외연을 넓혀나가는 운동권들의 수법입니다.

이 모든 언어들은 한곳을 향하여 적대감과 증오심을 자극하게 하는 데 그 쓰임이 있는 것입니다. 이 모든 불평등과 차별은 사적소유에서 기인한다는 것입니다. 그러므로 마르크스와 엥겔스는 분명히 밝혀놓았습니다. 공산주의자들의 성경과도 같은 〈공산당 선언〉에서 "공산주의자들의 이론은 '사유재산의 폐지'라는 한마디로 요약될 수 있다."라고 말입니다. 사유재산제도를 철폐하고 모든 재산을 공유(국가소유)제도로 바꾸면 유토피아가 올

것이고, 모든 인간은 소외가 없는 인간의 유적본질을 회복하게 되고 지복을 누리게 된다는 이 황당무계한 소리에 선동당하고 속아 넘어간 20세기였었지요.

1917년 러시아 공산혁명으로부터 1949년 중화인민공화국 출현, 1948년 북조선 인민공화국과 기타 수많은 동구공산제국 등지에서 벌어진 공산혁명과정에서 1억 5천만 명이 넘는 인명살육을 저지르고 일당독재, 일인독재의 전체주의 국가에서 새로운 계급인 공산귀족계급들에게는 유토피아가, 인민들에게는 노예사회가 실현된 것이었음은 입증된 역사의 현실입니다.

1990년대에 들어오면서 동독은 서독에 흡수 통일되고 공산종주국 소련이 해체되면서 공산주의는 사실상 종언을 고했고 사망선고를 받은 것입니다. 사상과 체제로서의 공산주의는 이제 죽은 것입니다. 그런데 이 증오의 사상에 물든 인간들은 전염병에 걸린 사람처럼 어디서나 차별과 불만, 불평이 있는 곳에는 그 차별과 불만 불평의 내용이 무엇이든 간에 그것들을 파먹으며 기존의 가치와 문화, 전통을 둘러엎으려는 좀비들이 되어 등장했던 것이 1968년 5월 프랑스에서 일어난 학생소요를 계기로 문화영역, 지식사회에 불이 붙게 되었던 게지요.

지식인들이 혁명의 선도자…교육계 언론계 문화계에 진지구축

소련 공산혁명의 스탈린 철권통치에 실망하고 중국모택동의 문화혁명에 자극받은 일군의 좌파학생들이 드골의 우파정부에 반기를 들면서 서구의 문화전통에 저항한 것입니다. 이 사태를 계기로 좌파지식인들이 동참하여 소위 네오 맑시스트들의 활약이 두드러지게 된 것입니다. 그들의 왕성한 저술활동이 죽은 마르크스의 망령을 다시 불러온 모양새가 되었다고나 할까요. 1789년에 일어난 프랑스혁명은 정치적 앙샹레짐인 절대군주제를 피와 살육으로 낭자한 단두대의 광기로 둘러엎은 잔혹한 정치권력혁명이었고, 1917년 러시아의 공산주의 혁명도 폭력과 피의 숙청이 주도한 권력쟁취 광란극이었던 것입니다.

이에 비해 1968년 5월에 일어난 파리의 학생소요는 문화적 사상적 앙샹레짐인 기존의 가치 문화와 전통과 권위에 대한 거부와 파괴를 목적한 것이었다고 할 수 있을 것입니다. 절대군주제와 차르체제라는 정치권력을 폭력으로 쳐부순 외적(外的)하드웨어 혁명이 프랑스 혁명과 러시아 혁명이었다고 한다면, 1968년의 파리학생혁명은 소프트웨어 혁명 곧 문화 정신 사상 가치를 변혁시키려는 내적(內的)혁명의 발단이라고 말할 수 있겠지요. 여기에서 우리는 공산종주국 소련의 전체주의 독재행태에 실망한 68년 파리좌파학생소요가 일어난 이념의 연원을 추적해보지 않을 수 없겠지요.

러시아 공산혁명을 어떻게 보느냐 하는 문제가 68을 계기로 혁명의 방법론에 새로운 계기 곧 정통마르크스주의냐 네오마르크스주의냐의 분기점이라고 볼 수 있을 겁니다. 토대(경제-생산관계)를 변혁하여 상부구조(정치 법률 이념)를 바꾸는 것이 공산주의혁명이라고 정통 마르크주의는 줄곧 떠들었지만 이게 맞는 소린가? 러시아혁명과정에서 과연 프롤레타리아가 주도하여 토대를 먼저 바꾼 다음 공산주의가 자리를 잡는 혁명이 되었던가?

레닌과 그를 추종하는 소수 지식인들을 중심한 혁명주도세력의 공산주의 사상 이념이 농민과 군인들을 선동·규합하는 데서부터 혁명이 시작된 것을 보면 토대와 상부구조의 관계에 관한 마르크스의 유물론이 논리적 합리성을 확보하지 못한 것입니다. 즉 '의식은 물질의 소산이거나 기능이다'라는 명제는 참이 아닌 것이지요. 그렇기 때문에 공산권에서는 스탈린이 사망하자마자 1950년대는 토대와 상부구조 논쟁이 심각하게 벌어졌던 것입니다. 혁명주도자의 사상의식이 능동적으로 사회적 조건을 개혁하고 물질적 조건을 개조한다는 사실을 각국의 공산주의자들이 체험적으로 깨달았던 것입니다.

　이런 면에 일찍이 착안했던 인물이 1920-30년대의 이탈리아 공산당의 지도자였던 안토니오 그람시였습니다. 그는 미래의 선진 자본주의 국가에서의 공산혁명은 프롤레타리아의 폭력혁명을 통한 정권탈취방식으로는 어렵다는 것을 간파하였습니다. 그람시는 제정러시아와 같이 낡고 약한 고리에서나 이런 식의 기동전(war of manoeuvre) 즉 폭력혁명을 통한 정권탈취가 가능한 것이지, 자유주의 자본주의 선진국에서는 지식인들이 대중과 깊이 연계하여 각계에 자리를 잡고 대중들의 사상의식과 세계관을 서서히 변화시켜서 그들 스스로가 혁명세력의 구성원으로 변모되게 하는 진지전(war of position)을 수행해야만 혁명이 가능하게 된다고 설파한 것입니다. 지식인들이 혁명의 선도자들이라는 것이지요. 이 진지전의 혁명전사들은 교육계와 언론계, 문화예술계를 주요 타깃으로 삼고 문화공산주의 운동의 진지구축을 중요시하는 것입니다.

가정 파괴의 이상한 주장들이
진보와 인권의 이름으로 맑스 연대세력을…

그람시의 뒤를 이어 1947년에 〈계몽의 변증법〉을 펴낸 독일의 호르크하이머와 아도르노가 주도한 프랑크푸르트학파 운동을 빼놓을 수 없겠지요. 유대인들로서 나치를 피해 미국으로 망명했다가 독일로 귀환하는 과정에서도 이들은 끊임없이 비판이론을 쏟아내며 마르크스주의의 〈변증법적 유물론〉를 기저로 한 세계관을 가지고 나치즘과 파시즘으로 치달은 현대문명세계는 새로운 야만의 세계로 전락했다는 것을 통렬히 비판했던 것입니다. 이들이 주도한 프랑크푸르트학파에 수많은 지식인들이 동참하게 되고, 1968년 학생소요는 기존의 사회 문화를 거부하고 전통, 도덕, 관습, 권위, 질서 등 일체를 부정하는 포스트모더니즘을 촉발시키면서, 절대가치를 부정하는 문화상대주의 가치관을 증폭시키게 되는 것입니다.

68학생혁명, 포스트모더니즘, 프랑크푸르트학파 이 삼박자가 맞아 떨어지며 1970년대 이후부터는 좌파철학운동의 백가쟁명 시대가 열렸다고 봐야 할 것입니다. 프랑크푸르트학파가 좌파지식인들의 근거지가 되면서 프로이트의 성욕을 중심한 정신분석학의 계보를 잇는 에릭 프롬이 마르크스주의와 성해방논리를 접목시키고 마르쿠제의 성충동의 해방에 의한 쾌락추구 사회야말로 현대의 후기산업사회문명의 억압구조를 깨뜨릴 수 있는 해방의 세계라는 데까지 가면 변증법적 유물론의 인간관, 진화론적

인간관의 결론 - 신좌익사조의 결론이 무엇인가를 알 수 있는 것이지요.

극단적인 남녀갈등이나 혐오증을 부추기는 페미니즘, 성차별철폐운동(gender mainstreaming), 동성애, 성소수자 인권보호 등 따지고 보면 혼인과 가정을 파괴하려는 요상한 논리와 주장들이 진보와 인권의 이름으로 마르크스주의 연대세력으로 떠오르고 있는 것은 당연한 귀결인 게지요. 우리나라에서 최근 수년간 연례행사로 벌어지고 있는 동성애자들의 시위가 서울 시청 앞 광장에서 서울시장 박원순의 보호와 지지 로 벌어지고 있는 것도 이런 맥락과 닿아 있는 것이라 말할 수 있지요.

프랑크푸르트학파를 중심한 마르크스 관련 연구가 현대 자본주의 비판에 일정한 성과를 보였다하더라도 그것은 자본주의 시장경제 체제에는 아무런 치명상을 입히지 못 한다는 것을 알게 되었기 때문에, 이들은 문화, 도덕, 질서, 권위 등의 기성 가치체계를 파괴시키는 문화전쟁으로 방향을 전환했다고 봐야 합니다. 특히 때늦은 마르크스의 유령에 시련을 겪고 있는 대한민국에서 좌파운동권 시민단체들은 지금 진화론적 인간관, 유물론적 인간관을 전제로, 계급해방에서 성해방, 성차별철폐운동, 동성애보호를 통한 가정해체와 혼인파괴에 이르기까지 도전하고 있는 오늘의 상황입니다. 과히 인간본성의 파탄을 도모하는 악령의 최후 발악이 시작되었다고 해야 할 것입니다.

이런 것을 주제로 연구를 하고 논문을 쓰고 가르치는 것이 지식인이라고 할 수는 없을 겁니다. 그 일을 변증하는 지식인들은 악마의 도구로 쓰이고 있다고 해도 과언이 아닐 것입니다. 그런 지식인들과 손잡고 있는 정치인이든 시민단체들이든 예외가 될 수는 없습니다. 왜 악마라는 극단적인 말을 하게 되는지 그 이유는 명백합니다. 건전한 남녀의 혼인을 통해 존속하게 되는 인간사회의 세포에 해당하는 가정을 부정하고 가족을 해체시키는 바이러스를 전염시키는 것이기 때문입니다.

이 바이러스가 한번 퍼지는 날에는 인간사회는 후천성면역결핍증, 에이즈에 걸린 사형선고를 받게 되고 마는 것입니다. 정통마르크스주의가 신좌익 네오 마르크스주의로 변종, 진화되는 과정에서 수많은 지식인들이 별별 개념을 다 만들고 어휘의 책략을 위한 온갖 관념의 유희를 즐기는 이론을 생산해 내더라도, 그기저에 깔려있는 무신·유물론적 인간관, 진화론적 인간관이 "변증법이란 모순 대립 투쟁 부정의 운동과정을 통해 발전한다는 '증오의 철학'과 습합된 세계관 – 역사관"은 이와 같은 끔찍한 파국을 피할 수 없게 되는 것입니다.

—마르크스가 아무리 자본주의 모순을 치밀하게 파헤치고 지적했다 할지라도 그가 내세운 정반합(正反合) 변증법적(辨證法的) 논리나 사적유물론 등이 인류를 더 큰 파멸로 내몰았던 사실이 희석될 수는 없겠지요. 마르크스 이론을 차용한 레닌이라든지 마오쩌둥, 김일성이 수립했던 소비에트사회주의연방(소련)이나 중국공산당, 조선노동당을 파악하려면 아무래도 뿌리를 캐지 않을 수 없겠습니다. 변증법적 유물론이나 유물사관과 관련해서 그 뿌리와 줄기 가지에 관한 자초지종을 말씀해 주시기 바랍니다.

가정을 부정하고 가족을 해체하는 바이러스 전염

손대오 - 마르크스주의의 철학-세계관에 해당하는 〈변증법적 유물론〉에 대해 좀 이야기해보겠습니다. 마르크스주의에서는 유물론과 관념론 중 관념론은 비과학적이니 버리고, 유물론을 취합니다. 따라서 세계는 물질로 구성되어 있으며 물질로 통일되어 있다고 주장합니다. 그러므로 의식이나 정신은 물질의 소산이거나 기능에 불과하다는 것입니다. 또 이렇게 존재하는 물질은 형이상학과 변증법 즉 형이상학적으로 곧 세계가 고정 불변하거나, 모든 사물은 개별적인 존재로 정지상태의 것으로 존재하는 것이 아니고, 물질세계(자연, 사회, 역사도 물질이다)는 상호관련성을 가지고 모순과 대립투쟁을 통해 끊임없이 변화하고 운동하면서 발전하고 있다는 변증법을 택하고 있습니다.

다 아는 바와 같이 유물론은 포이엘바하로부터, 변증법은 헤겔의 것을 차용한 것이지 마르크스의 독창은 아닌 것입니다. 마르크스가 꿈꾸었던 공산주의혁명에 가장 큰 걸림돌이 되는 것은 무엇보다 기독교라는 것은 두 말할 필요가 없는 것이지요. 교회야말로 지배계급들에게 가장 강력한 정신적, 물질적, 제도적, 정치적, 민중적 지지기반이 되고 있었기 때문인 것입니다.

여기에 선구적으로 포문을 열고 공격수로 나선 사람이 고맙게도 포이엘바하였습니다. 그런데 당시의 철학계는 헤겔의 절대정신이 지배하던 시대로서 헤겔을 추종하는 사람 중에는 좌우파로 갈라져서 심한 논쟁 중이었는데 포이엘바하는 헤겔의 기독교를 옹호하는 절대정신-관념론을 비판하면서 유물론 무신론을 들고 나왔던 좌파 논객이었습니다.

종교를 무력화하고 기독교의 하나님을 없애지 않고는 마르크스가 꿈꾸는 공산혁명은 실현될 수 없다는 것을 잘 알고 있었기에 포이엘바하의 기독교 공격용 유물론은 엄청난 원군이었던 것입니다. 동시에 헤겔철학이 당시의 프로이센제국의 어용철학으로 이용되는 것을 분쇄할 수 있는 계기로 삼은 것이지요.

헤겔의 절대정신(기독교의 하나님:관념)이 변증법적으로 정(正) 반(反) 합(合)의 3단계를 거치며 끊임없이 자기를 전개하여 나오는 것이 역사라는 현실긍정의 관념론을 타파하지 않고는 혁명은 불가능하기 때문이라고 단정한 것입니다. 그러기에 마르크스는 헤겔의 관념변증법을 거꾸로 선 변증법이라고 비판하면서 포이엘바하의 유물론과 헤겔의 변증법을 유기적으로 결합시켜서 유물론의 최고 형태인 〈변증법적 유물론〉을 창시했다고 주장한 겁니다.

이후 마르크스주의자들은 유물론과 변증법을 통일시킴으로써 거기에 과학적인 성격을 부여하고 변증법을 유물론적으로 개조하여 변증법의 유일한 과학적인 형태인 유물변증법이 창조되었다고 강변하는 것이지요. 그리하여 마르크스주의철학은 자연, 사회, 인간의 사유까지도 철저하게 유물론적으로 이해하며 그 모든 분야에 변증법을 철저히 관철시켜서 드디어 유물론을 사회생활 전 영역에 확장하여 역사적 유물론(유물사관)을 창시했다는 것입니다.

역사적 유물론은 마르크스주의 철학이 달성한 결정적 승리라고 확신하면서 절대정신(하나님이나 관념)을 현실역사 밖으로 제거하여 추방시킬 수 있게 되었노라 공언하고 있는 것입니다.

이와 같은 유물론, 무신론의 세계관에 더욱 큰 원군이 되어준 학설이 등장했으니 그게 바로 생물학자 다윈의 진화론이었던 것입니다. 마르크스와 다윈은 동시대의 인물로서 1859년 〈종의 기원〉이 출간된 후, 그 업적에 너무나 고무되어 있던 마르크스는 자기의 주저인 〈자본론〉 제1권(1867)을 다윈에게 헌정까지 했던 것입니다. 고집불통의 오만과 자만심의 덩어리였던 마르크스가 타인을 전적으로 칭송하여 다윈에게 자기의 주저를 헌정한 것은 다윈의 진화론이 변증법적 유물론에 과학적 검증을 더해준 것이라고 확신한데서 기인했던 것입니다.

공산전체주의에서 학살된 1억5천만 생명에는 침묵

하나님 없는(무신론) 이 세계는 오직 물질만이 존재(유물론)할 뿐이요, 그 물질은 상호관련성을 가지고 항상 운동하고 변화하면서 발전한다는 것입니다. 그런데 그 운동과 변화와 발전은 오로지 대립물들의 모순과 갈등 투쟁을 통해서 일어나게 되어 있는 법칙(변증법)에 의한다는 것입니다. 엥겔스는 이것을 '자연변증법'에서 주장하였고 '자연은 변증법의 검증'이라고 주장하는 데서 더 나아가 다윈의 진화론을 빙자하면서 인간은 원숭이가 노동을 통해서 사람으로 진화한 고등동물이라는 결론을 내리고 있는 것입니다.

노동이 원숭이를 인간이 되게 하였다는 것은 인간의 본질 중에서 가장 중요한 것이 노동임을 의미하는 것입니다. 인간에게는 사랑도 있고 자유도 있고 이성도 있지만, 그것들보다도 더 중요한 것이 노동이라는 것이지요. 여기서 마르크스가 주장하는 인간소외론도, 노동가치설도, 프롤레타리아의 계급투쟁을 통한 공산혁명의 주력군 논리도 도출된 것입니다. 이것이 19세기까지의 철학계의 진풍경이라고 할만합니다.

그 이후 유물변증법 곧 변증법적 유물론이야말로 엥겔스와 레닌, 스탈린, 마오쩌둥을 거치면서 마르크스주의의 가장 기본적인 공리(公理)가 되어 만사를 해석하고 판별하는 만유의 법칙이 된 것이지요. 이것이 20세기에 들어오면서 러시아혁명과 중국의 공산화에 힘입어 득세하다가 세기말을 기하여 공산주의가 종언을 고하게 됨으로써, 그 패잔병들이 이런 저런 (68학생소요, 포스트모더니즘의 문화상대주의, 프랑크푸르트학파, 프로이트와 루카치 마르쿠제류의 성해방운동 등을 거치며)신좌익운동을 통해 문화공산혁명을 시도하고 있는 현재 상황입니다.

우리나라에서도 최근 수년째 서울 시청 앞 광장에서 열리고 있는 동성애자들의 시위행사(퀴어 축제?)가 더불어 민주당 박원순 시장의 지지를 등에 업고 많은 시민들의 저항과 반대에도 불구하고 계속되고 있는 것도 이런 맥락과 닿아 있는 것입니다.

오늘날 미국에서부터 PC(정치적 올바름, political correctness)풍조가 만연하게 되는 계기가 된 것도 이러한 신좌파들의 문화혁명공작에 기인한 것이지요. 1961년에 발표된 에릭 프롬의 〈마르크스의 인간 개념, Marx's Concept of Man〉을 보면 마르크스를 위한 애절한 변명을 늘어놓고 있음을 볼 수 있습니다. 프롬은 〈자유로부터의 도피(1941)〉라는 매력적인 책으로 자유세계의 젊은이들에게 유명해졌는데, 그가 마르크스의 유물변증법이야 말로 진정한 인간해방의 철학이며, 인간소외를 해결할 수 있는 메시아사상이라고까지 칭송한 사실을 모르는 사람이 많습니다. 그는 러시아와 중국의 공산혁명에 의하여 마르크스주의가 국가자본주의 전체독재체제로 변질된 것 때문에 마르크스는 엄청난 오해를 받고 있다고 변호했던 겁니다.

1980년에 80세의 나이로 사망한 프롬은 프로이트계의 정신분석학을 공부한 유대인으로 프랑크푸르트학파의 사회심리학자로서 드러내놓고 자기는 마르크스주의 예찬자라고 공언했던 친구지요. 1990년을 기점으로 공산권이 허물어지는 것을 보지 못하고 눈을 감았지만 그가 남긴 저작들은 1940년대 나치즘의 유대인 학살이 그 동기가 된 것들이었지요. 대부분의 프랑크푸르트학파들은 유대인들이었기 때문에 히틀러에 의하여 학살된 600만 유대인의 희생만 반문명 야만이고, 소련과 중공, 캄보디아, 북한 등의 공산전체주의에서 학살된 1억5천만 명의 생명에 대해서는 침묵한다는 게 말이 됩니까? 그러면서 나치즘으로부터 자기들을 구해준 미국의 기독교정신과 자유민주주의, 자본주의 시장경제체제를 공격하고 내부로부터 와해시키려는 문화혁명 작업에만 몰두해온 것은 20세기의 아이러니가 아닐 수 없는 것입니다.

문제는 19세기의 유물론이 과학인가? 변증법이 만유의 발전법칙인가? 하는 점입니다. 유물론이 과학에서 입증된 진리라면, 인간의 의식은 뇌수의 산물이거나 기능이라는 것이며, 상부구조 곧 관념형태는 하부구조(생산관계)의 소산이라는 것입니다. 동시에 '인간의 의식이 존재를 결정하는 것이 아니라 사회적 존재가 의식을 결정한다.'는 것입니다. 이렇게 될 경우 철학의 당파성은 정당성을 갖게 될 것이며 사회는 계급투쟁의 승리를 위한 이데올로기투쟁의 현장인 집단이기주의의 정글이 되고 마는 것입니다.

이런 19세기의 유물론(반기독교+진화론)이 20세기를 거쳐 21세기에 진입한 현대에 와서까지도 과학적 진리로 검증되고 있지 않다는 것과 논리적으로도 모순되고 현실적용에도 파탄이 나고 말았다는 사실에 주목해야합니다. 하기야 현존하는 대표적인 진화론자 리차드도킨스는 〈만들어진 신〉(The God Delusion,2006)을 발표하며 〈기독교의 본질〉을 썼던 포이엘바하와 다윈의 진화론을 조합해내느라고 진땀을 흘리고 있기도 합니다. 정신이 물질의 소산이라거나 기능이라는 것은 현대 물리학의 성과로서는 에너지의 입자성과 파동성으로의 환원으로 볼 때 물질과 정신의 선후를 가리기가 어렵게 되어 있는 것입니다.

정신에서 물질이 생긴 것도 아니고
물질에서 정신이 생긴 것도 아니다

공산주의자들은 뇌가 파괴되면 정신이 발생할 수 없기 때문에 정신은 뇌의 산물이라고 주장하고 있습니다. 그러나 거기에는 다음과 같은 문제점이 있어요. 인간의 뇌를 라디오로 비교해봅시다. 그럴 경우 정신작용(의식)을 라디오로부터 나오는 음성으로 비유한다면, 그것은 라디오 그자체로부터 발생하는 것이 아니고 외부(방송국)로부터의 전파가 라디오를 통과할 때에 음파로 바꿔진 것입니다.

그러므로 라디오는 전파를 음파로 바꾸는 장치일 뿐 음성의 발생장치는 아닌 겁니다. 이와 마찬가지로 인간의 정신작용(의식)도 전파로 비유되는 마음이 뇌를 매개로하여 나타난 것으로 볼 수 있는 것입니다. 따라서 뇌의 손상에 의해서 정신작용이 장해를 받는다고 해서 반드시 의식은 뇌의 산물이라고 결론지을 수는 없다는 것입니다.

또 공산주의자들은 정신이 뇌수의 산물이라고만 말하면 정신이 일단 생겨나서 독립적인 존재가 될 수 있으니(육신이라는 모체를 떠난 별개의 존재 곧 영혼의 존재를 인정) 그 특유의 언어 혼란의 책략을 위해 뇌의 기능이라는 개념을 끼워 넣고 있습니다. 그러나 공산주의 인식론에 의하면 정신(의식)은 존재(외계)를 반영하는 동시에 존재에 대해서는 능동적인 실천을 행한다고 말합니다. 이것은 뇌의 기능에 불과한 정신이 그 정신의 본체인 뇌 자체를 작동시킨다는 모순을 은폐시키고 있는 책략입니다.

마치 기계의 기능(성능)은 인간(기계공)이 기계를 작동할 때 나타나는 것이어서 기계의 기능이 기계 자체를 작동시킬 수 없는 것과 마찬가지인 겁니다. 이와 같이 정신이 뇌의 기능이라고 한다면, 사고(思考)하는데 따라서 목적적인 행위가 이루어지는 현상을 설명할 수 없게 되고 맙니다.

그러므로 정신에서 물질이 생긴 것도 아니며, 또 물질로부터 정신이 생긴 것도 아니라는 것을 인정해야 합니다. 정신과 물질은 우주의 원존재(原存在)로부터 유래된 것으로서 이 우주의 근원은 정신과 물질의 궁극적인 원인을 통일적으로 갖춘 존재여서 거기서부터 정신과 물질이 함께 생겨났다고 보아야 하는 것입니다. 따라서 유물론, 관념론 등 일방적 존재론으로 편을 가르는 철학적 투쟁은 지양하고 정신과 물질 양자를 대립물이 아닌 주체와 대상, 능동과 수동의 상대물의 관계로 파악하는 유일론(唯一論), 또는 통일론(統一論)으로 귀결시켜야 할 것입니다.

다음으로 변증법적인 운동 변화 발전 논리에 대해서 몇 마디 해봅시다. 마르크스는 헤겔이 사고의 발전과정을 다룬 관념변증법을 거꾸로 선 변증법이라고 공격했습니다. 반면 자연과 역사라는 물질의 발전과정을 다루어야 제대로 선 변증법이라면서 관념변증법을 유물변증법으로 개작해 내놓았던 것입니다. 헤겔의 변증법에서는 대립과 모순은 한쪽이 다른 쪽을 타도하거나 절멸시키는 것과 같은 의미는 없었지요. 그런데 마르크스의 변증법에서는 대립에도 모순에도 한쪽이 다른 쪽을 타도·절멸시키기 위한 투쟁의 의미가 포함되어 있는 것이 차이점입니다.

레닌은 대립물의 통일은 조건적, 일시적, 경과적, 상대적이지만 서로 배제하는 대립물의 투쟁은 발전운동이 절대적인 것같이 절대적이라고 하면서 드디어는 "발전은 대립물의 투쟁이다"라고 까지 표현하고 있어요. 마르크스가 헤겔의 변증법을 계승하면서도 거기에 일방이 타방을 타도·절멸하는 의미로서의 투쟁의 개념을 포함시킨 것은 말할 것도 없이 프롤레타리아 혁명투쟁에 철학적 무기를 제공하기 위해서였던 것이지요. 실제로 마르크스는 〈헤겔 법철학비판 서설〉이란 글에서 "철학이 프롤레타리아트 속에서 그 물질적 무기를 발견하듯이 프롤레타리아트는 철학 속에서 자신의 정신적 무기를 발견한다."고 말하고 있는 것입니다.

맑스가 계급혁명을 선동하기 위해 헤겔 변증법에 투쟁이론을

만약 이런 변증법이 진리로서 만유를 관통하고 있는 법칙이라면 인간 세계는 그야말로 약육강식 승자독식의 정글로 존재하는 폭력이 지배하는 동물왕국이 그 본연의 모습이 되고 말 것입니다. 평화니 이상이니 자유니 평등이니 윤리니 도덕이니 사랑이니 하는 것들은 망상에 불과하게 되는 것 아니겠습니까? 그러므로 우리는 이런 변증법의 사이비 진리성을 폭로하고 그 대안을 찾아내지 않으면 인류의 미래는 없는 것입니다. 이런 의미에서 마르크스주의의 유물변증법의 기본 특징을 엥겔스와 스탈린의 해석을 통해 알아보면 다음 네 가지로 정리할 수 있습니다.

1)모든 사물은 상호관련성을 갖고 변화하는 법칙
2)양적변화의 질적변화에로의 전화의 법칙
3)모순의 법칙(대립물의 통일과 투쟁의 법칙)
4)부정의 부정의 법칙

위에 열거한 네 가지 법칙 중 가장 기본개념이 되고 있는 1)항과 3)항에 대해 잠깐 비판하고자합니다. 먼저 1)항의 우주의 모든 사물은 어느 하나도 고립해 있는 것은 없고, 상호 관련되어 있다는 것은 옳은 말입니다. 이와 같이 유물변증법에서 상호관련성이 우주에 있는 모든 사물의 기본적인 존재방식이라고 주장하는 것은 전적으로 타당한 것이지만 거기에는 다음과 같은 문제점이 있는 것입니다.

첫째는 상호관련성이 왜 있는가에 대한 해명이 없어요. 철학은 이유의 해명을 회피하면 성립이 안 되는 것입니다. 둘째는 유물변증법은 사물의 상호관련성에 있어서 사물의 개체로서의 존재방식, 즉 개별적인 특성에 대해서는 언급이 없는 것인데 이것이 전체주의로의 빌미를 주게 된다는 점입니다. 셋째는 변화의 법칙에 관한 것으로 모든 사물은 자기동일성을 유지(불변)하면서 변화한다는 점을 간과하고 있는 것입니다.

세 가지 문제점을 종합하여 대안을 말한다면 모든 사물이 상호관련성을 맺고 존재하는 이유는 각 사물은 개성진리체(個性眞理體)인 동시에 전체와 상호 관련된 연체(聯體)로서 존재하므로 개체목적과 전체목적의 이중목적을 잘 실현하고자 하기 때문인 것입니다. 그러나 공산주의 철학에서는 모든 존재가 목적을 가지고 있다는 것은 철저히 배격합니다. 왜 그렇겠습니까? 목적론이 성립되면 존재의 배후에 그런 목적을 설정한 정신적 존재를 인정할 수밖에 없기 때문인 것이지요. 존재는 필연성의 법칙에 지배받는 존재이지 존재목적을 위해 있는 것이 아니라는 궁색한 순환 논리에 빠져있는 것입니다.

다음 3)항의 모순의 법칙 곧 대립물의 통일과 투쟁의 법칙에 대해서도 몇 마디 해보기로 합니다. 사물이 대립물의 투쟁에 의해서 발전하는가 아니면 상대물의 수수작용(授受作用)에 의해서 발전하는가를 검토해보도록 하지요. 대립물의 투쟁은 사물 안에 있는 두 가지 요소의 이해가 상반하는 경우, 또는 양자의 목적이 일치하지 않는 경우 일어나는 현상인 겁니다. 이에 반해 두 요소의 이해가 일치하고 목적이 같을 경우에는 투쟁은 일어나지 않고 조화로운 발전이 이루어집니다. 이때에는 투쟁이 아니라 상대물 간에 수수작용이 행하여지기 때문인 것입니다. 먼저 대립물의 예를 인체와 그것을 침범하는 병원균의 경우를 생각해봅시다.

인체의 저항력이 약해지면 병원균이 번식하여 병에 걸려 죽음에 이르기도 하는데, 반대로 인체의 저항력이 강하면 병원균은 멸망하는 겁니다. 즉 인체와 병원균은 투쟁을 통해서 어느 한 쪽이 반드시 파멸을 당하고 마는 것입니다. 그것은 양자에 아무런 공통목적이 없고 이해가 상반하기 때문인데 이것이 바로 대립물의 투쟁의 예인 것입니다. 그러나 이 경우 대립물의 투쟁에 의해서 발전이 이루어지는 것이 아니며 오히려 발전이 저해되는 것입니다.

그러나 상대물의 경우는 이와는 다릅니다. 예컨대 알 속의 배자와 노른자위·흰자위·껍질의 관계는 대립관계가 아닌 겁니다. 배자는 병아리가 되려는 목적을 가지고 있으며, 노른자위·흰자위·껍질은 배자가 병아리로 성장하기위한 영양분과 보호막으로서 있는 것입니다. 배자와 노른자위·흰자위는 서로 배척하는 관계에 있지 않으며, 또 노른자위·흰자위가 배자에로의 섭취를 거절하고 있는 것도 아닙니다. 즉 양자는 병아리를 만든다고 하는 공통목적을 가진 상대물이어서 서로간의 조화로운 수수작용에 의하여 드디어 병아리가 출현하는 것입니다. 이와같이 사물 안에 있는 요소는 대립물이 아니고 상대물이며, 이 상대물의 수수작용에 의하여 사물은 발전하게 되는 것입니다.

사물 안에 있는 요소는 대립물이 아니고 상대물이다

　이상 다소 장황하게 변증법적 유물론을 중심한 마르크스주의 철학 세계관 인간관에 대해서 이런 저런 각도에서 말씀드렸습니다. 한마디로 폭력을 정당화하는 투쟁의 철학, 증오와 저주의 철학인 변증법적 유물론이란 위험천만한 반문명적이고 반인간주의 사상을 걷어낼 수 있는 대안적인 세계관이 절실하게 필요하다는 게 제 소견입니다.

　그것은 "확고하게 승리하는 유일한 길은 그것을 대체하는 것이다."(The only safe way to destroy something is to replace it.) 라는 명제와 닿아 있습니다. 그리하여 〈변증법적 유물론〉을 대체하는 새로운 대안으로서의 세계관 〈수수법적 유일론(授受法 的 唯一論)〉을 제안하는 것입니다. 수수법적 유일론이란 '세계의 본질은 유물론 또는 관념론으로는 밝혀지지 않으며 정신과 물질은 주체와 대상, 능동과 수동의 관계를 맺고 처음부터 상대물로 함께 존재하고 있으며 세계의 모든 운동 변화 발전은 모순 대립 투쟁이 아닌 조화와 협력의 수수작용으로 이루어진다.' 라는 관점의 새로운 철학용어란 것도 말해두고자 합니다.

　—요즈음 우리 사회에서 전개되는 현상들을 보면 왼쪽 날개라는 좌익 이데올로기에서 파생된다는 느낌을 받습니다. 고려대학교의 서지문 교수께서도 조선일보에서 지적한 바와 같이 "대한민국 건국이 1948년이 아니고 1919년이라는 좌파진영의 기이

한 주장이 평지풍파를 일으키고 있다."고 했는데, 그렇게 되면 이 나라는 태어나서는 안 될 나라로서 이승만 초대 대통령과 박정희 건설 대통령도 부정되는 것 아닙니까.

손대오 - 1948년 8월15일의 대한민국 건국을 부정하고, 1919년 4월11일 상해임시정부의 수립일로 해야 한다는 주장은 그 숨어 있는 의도가 문제라고 봐야합니다. 단순히 날짜와 햇수의 문제가 아니고 왜 그렇게 하려고 하느냐 하는 것입니다. 그런 주장에는 이념적 편향성과 당파성이 개입되어 1948년 대한민국 건국을 주도했던 특정인물이나 세력을 배제하고 그 대한민국의 건국을 방해했던 다른 쪽 세력을 등장시키기 위한 의도가 분명히 드러나 보이기 때문에 심각한 문제인 것이지요.

현 문재인 정부는 촛불혁명정부라고 스스로를 칭하고 모든 공무원들은 촛불혁명을 실천하는 것이 그 임무라고 이낙연 총리가 취임사에서 밝혔습니다. 그리고 그 첫 단추를 검인정국사교과서의 좌편향 내용이 문제가 되어 박근혜정부에서 추진했던 〈국정교과서 프로젝트〉를 폐기시키는 데서부터 끼우기 시작했던 것입니다.

그리고는 다각적인 반대 여론에도 불구하고 2020년부터 중고등학교에서 사용될 차기 교과서 개편안에는 대한민국이 1948년 12월, 유엔총회가 결의한 "1948년 8월15일에 세워진 대한민국 정부는 한반도에서 유일한 합법정부다"라는 내용에서 "유일한"을 빼고 그냥 대한민국 정부수립으로 바꾼 것은 "남한에는 대한민국정부, 북한에는 김일성정부"라는 의식을 갖게 하려는 좌파들의 의도를 드러낸 것이지요.

또한 최근 6월20-23일까지 남측의 6.15공동선언실천남측위
원회가 15명의 대표단을 끌고 평양을 방문하여 3.1절100주년
기념행사를 남북이 공동개최하기로 합의하고 돌아오지 않았습
니까? 6.15공동선언실천이란 북한이 줄기차게 주장하는 연방제
통일을 추진하자는 것입니다. 이런 분위기의 연장선에서 7월3일
문재인 대통령이 내년 3.1절 백주년기념행사를 남북이 공동으로
하자고 제의한 것입니다.

공산침략을 막아낸 이승만 초대 건국대통령을 철저히 파괴하려고

그 직후 7월 6일 한완상 3.1운동 및 임시정부수립 100주년 기
념사업추진위원회 위원장이 KBS뉴스에 나와 "남과 북은 6.15
공동선언을 기준으로 볼 때 이미 국가연합단계에 진입했다고 봐
야 한다."고 말했습니다. 1919년 3.1절 100주년 기념행사와 임
정수립 100주년을 건국의 해로 삼겠다는 의도가 무엇이라는 것
이 명백히 드러났다고 보겠습니다. 여기에서 현 집권 여당의 싱
크탱크인 민주연구원 김민석 원장이 지난 2월, 더불어민주당의
뿌리는 김구로부터 시작하여 김대중 정부(제1기)에게로 이어지
고 그 다음 노무현 정부(제2기)로, 현 문재인 정부(제3기)로 승계
되었다고 주장한 것을 새삼스레 상기하게 됩니다.

김민석 원장은 이승만, 박정희는 물론 전두환 노태우 이명박
박근혜는 반민주·매국·친일·분단·냉전세력들로서 애국, 자유,
민주가 없는 극복의 대상들이라고도 목청을 돋우어 말했습니다.

이 말은 그 중에서도 1948년 8월15일, 4.3제주 폭동 등 남로당과 좌익들의 혼란책동과 김구를 중심한 연북 좌우합작파들의 방해를 물리치고 천신만고 끝에 자유민주주의 대한민국을 건국하고, 뒤이은 공산침략의 6.25전란을 극복해내고 한미동맹을 이끌어낸 이승만 초대 건국대통령을 철저히 파괴하려는 의도를 드러낸 것이지요.

대신 그 자리에 좌우합작을 주장하며 5.10 총선을 거부한 김구를 앉히자는 의도인 겁니다. 대한민국을 부정한 인물을 대한민국 건국의 주춧돌로 앉히겠다는 이 발상이 어디서 온 것이겠습니까?

이승만 대통령이 〈제1대 대통령취임사〉를 언제 했는지 알아야 합니다. 1948년 7월 24일입니다. 그날의 취임사 한 구절을 인용해봅니다.

"이번 우리 총선거의 대성공을 모든 우방들이 칭찬하기에 이른 것은 우리 애국남녀가 단순한 애국성심으로 각각 직책을 다한 연고입니다. 그 결과로 국회 성립이 또한 완전무결한 민주제도로 조직되어 2,3정당이 그 안에 대표가 되었고 무소속과 좌익 색태로 지목받는 대의원이 또한 여럿이 있게 된 것입니다."

또 대통령에 취임한 지 3주 후인 1948년 8월 15일에는 〈건국 기념사〉를 했다는 것을 아는 사람이 드뭅니다. 이승만 초대대통령의 〈건국 기념사〉 중 일부를 인용해봅니다.

"외국 귀빈 제씨와 나의 사랑하는 동포 여러분! 8월15일 오늘에 거행하는 식은 우리의 해방을 기념하는 동시에 우리 민국이 새로 탄생한 것을 겸하여 경축하는 것입니다.…금년 5월 10일 전 민족의 민주적 자결주의에 의한 전국총선거로 우리가 다 청소시켰으며 모든 방해와 지장을… 오직 인내와 정당한 행동으로 극복하여 온 것이니… 더욱 굳센 마음과 힘을 다하여 다만 우리의 평화와 안전뿐 아니라 온 인류의 안전과 평화를 위해서 힘써야 될 것입니다. 이 건국기초에 요소 될 만한 몇 조건을 간단히 말하려 하니…"

1919년은 건국 꿈이 잉태한 해요
1948년은 대한민국이 국민 영토 주권을 갖춰 탄생한 해다

그 당시 천신만고 악전고투하며 일제에 빼앗긴 나라를 되찾아 건국하기까지의 사정을 느끼게 하는 내용인 동시에 이승만이 청년시절 한성감옥 안에서 피를 토하는 심경으로 〈독립정신〉을 집필하며 설파했던 비전과 꿈이 이 건국 기념사에 고스란히 녹아들어 있음을 보게 됩니다. 특히 인상적인 부분은 기념사를 마치며 마지막을 〈대한민국 30년 8월15일, 대한민국대통령 이승만〉으로 기록했다는 점입니다.

3.1정신으로 상해임정이 수립된 1919년으로부터 잉태된 건국의 꿈이 30년간 험난한 국제적인 격랑에 휘말리며 풍찬노숙 문전박대와 걸식을 하면서도 유산하지 않고 옥동자를 탄생시킨 그 회한과 기쁨, 희망과 각오가 오롯이 드러나 있는 기념사였습니다. 더구나 본인은 상해임시정부의 초대대통령이기도 했으니 그

감회가 어떠했겠습니까? 1919년은 대한민국 건국의 꿈을 잉태한 해요, 그 후 30년 만인 1948년, 옥동자 대한민국이 국민과 영토와 주권을 갖추어 탄생한 해가 된 것입니다. 생일은 잉태한 날이 아니고 태어난 날이 되는 것이 동서고금의 순리인 것입니다.

이승만이 29세 때에 한성감옥에서 집필한 〈독립정신〉을 한 페이지라도 읽어본 사람이라면 이승만 건국대통령을 밀어내려는 인간들의 무지와 무모함이 얼마나 부끄럽고 사악한지를 각자의 양심에 따라 판단하게 되리라 봅니다.

또한 산업화와 근대화의 영웅인 박정희 대통령도 친일이니 독재로 매도하면서 지워버려야 만이 반공을 국시로 삼아 오늘의 번영을 이룩한 터전을 닦은 박정희는 사라지고, 그 대신 김정일과 손을 잡고 6.15공동선언을 통해 연방제 통일의 문을 열어 놓은 김대중과 노무현이 빛을 발하게 되는 것이요, 그 뒤를 이어받은 '자칭 제3기 민주정부라고 칭하는 촛불정부'가 그 정통성이 당당해지는 것이라고 하고 못을 박고 싶은 겁니다. 그리하여 한시라도 바삐 북한과 연합하여 연방제로 통일하겠다는 작업을 하고 싶은 것입니다. 남한과 북한이 체제와 이념이 다른데 1민족 1국가 2정부 2체제의 연방제로 통일한다는 것은 불가능한 것인데도 불구하고 이를 추진하겠다는 속내가 무엇인지를 알아야 할 것입니다.

이념과 체제가 다른 남북한이
1민족 1국가 2정부 2체제는 불가능

"과거를 지배하는 자가 미래를 지배하고, 현재를 지배하는 자가 과거를 지배한다."(조지 오웰, 1984)는 말이 있습니다. 나는 이 말을 이렇게 고쳐서 말합니다. "현재를 지배하는 자가 과거를 조작해서 지배하려 들면 미래는 그런 과거를 처단하게 된다."라고 말입니다. 과거는 죽은 것 같지만 사실과 진실은 살아서 움직이기 때문입니다. 후대의 특정세력이 생명력을 가지고 있는 과거의 그 진실과 사실을 왜곡하고 조작할 수는 없는 법이지요.

　—문재인 정부는 우리 국체(國體)를 '자유민주주의'에서 자유를 빼고 왜 '민주주의'로 바꾸려는 개헌을 시도하다가 반대에 부딪치자 물러섰다가 차기 교과서 개편 안에 '자유민주주의'를 '민주주의'로 바꾸겠다고 합니다. 그들은 왜 '자유'를 원수시하면서 빼지 못해서 안달을 하지요?

　손대오 - 그런 시도는 한마디로 대한민국의 정체성을 바꾸려는 좌파들의 불순한 의도에서 나온 것이라고 봅니다. 우리나라 헌법전문에는 '…자율과 조화를 바탕으로 자유민주적 기본질서를 더욱 확고히 하여 정치·경제·사회·문화의 모든 영역에…', 헌법 제4조에는 '대한민국은 통일을 지향하며, 자유민주적 기본질서에 입각한 평화적 통일정책을 수립하고 이를 추진한다.'라고 되어 있습니다. 헌법전문과 제4조에 나와 있는 이 "자유민주적 기본질서"에서 자유를 뺀다는 것이 무엇을 의도했는지 하위법인 국가보안법의 다음조항을 보면 금방 드러나는 것입니다.
　즉 국가보안법 제5조, 6조, 7조, 8조에 나와 있는 "자유민주적 기본질서를 위태롭게 한다는 점을 알면서" 반국가단체와 금품수수, 자진지원, 잠입, 탈출, 찬양, 고무, 회합, 통신하는 자는 ×년의 징역형에 처한다는 조항을 보면 상위법인 헌법에서 '자유민주적 기본질서'를 빼려는 의도를 쉽게 파악할 수 있는 것이지요. 국가보안법의 위의 조항들이 위헌법률이 되므로 자동 폐기될 것이 뻔한 겁니다. 위에 열거한 국가보안법이 폐기되고 반국가단체와 손을 잡고 대한민국을 와해시킬 온갖 활동이 자행되도록 방조하는 사회가 된다면 어떤 결과가 초래되겠습니까?

이런 숨은 의도를 알고 국민들의 반대여론에 밀려 개헌이 저지되자, 중고등학교의 교과서로 숨겨서 들여오고 있는 형국이지요. 어린 학생세대들에게 자유민주주의가 아닌 민주주의를 학부모도 잘 모르게 가르치겠다는 것입니다. 인민민주주의, 민중민주주의, 프롤레타리아 민주주의가 있고, 북한식 수령절대 전체주의도 조선민주주의인민공화국이라고 하는 것을 보면 "자유를 빼버린 민주주의가 지닌 그 위험성"이 얼마나 심각하다는 것을 알 만하지 않습니까?

—공산권 카자흐스탄을 개혁·개방했던 인물로서 방찬영(82) 키메프대학 총장이 한국에 왔었습니다. 조선일보에서 인터뷰 글을 읽었는데, 북한의 비핵화문제로 전범을 삼을만한 탁견이 보였습니다. 그분의 말씀과 관련해서 여쭈어보겠습니다. 문재인 대통령은 북한의 비핵화를 통해서 한반도 평화정착과 남북한 공동번영을 이루겠다고 하는데, 방찬영 총장은 천만의 말씀이라고 합니다. 평화협정을 맺으면 북한의 전체주의 체제가 변할 것이

라는 판단은 잘못이라는 겁니다. 여기에 대한 손대오 박사님의 고견을 듣고 싶습니다.

손대오 - 방찬영 키메프대학 총장님의 인터뷰를 저도 감명 깊게 읽었습니다. 특히 6.12 트럼프 김정은 회담 이후에 월간중앙 7월호의 미·북 정상회담 특집 특별인터뷰 '공산국가 수술 전문가' 방찬영이 말하는 김정은의 선택- "북한 개혁·개방 안 하면 급속한 체제 붕괴가능성 있다." 라는 기사는 여러모로 시사하는 바가 많고 남북의 위정자들도 경청해야 할 내용이라고 생각합니다.

방찬영 총장이 문재인 대통령에게 "문 대통령은 북한의 정치이념과 체제를 바꾸는데 정책 목표를 둬야 한다. 김정은을 만나 '경제가 발전하려면 김일성주의를 버리고 정치개혁이 선행돼야 한다'고 말해야 한다."라는 대목이 나옵니다. 소련의 개방과 개혁을 이끌었던 고르바초프 대통령에게도 자문역을 하는 등 카자흐스탄 나자르바예프 대통령의 경제고문관이기도 한 방 총장은 사회주의국가 경제시스템 '개혁전문가'로 경륜을 갖춘 분으로 알려져 있습니다. 방 총장의 충고를 경청했으면 합니다만,

주사파운동권 참모들에 둘러싸여 있는 문 대통령이 그런 결단을 내리고 김정은을 설득해낼지는 그분의 몫이겠지요. 김일성주의 곧 주체사상의 이념을 버리고 정치개혁을 하지 않으면 외부 세계의 누구도 북한에 투자를 하지 않을 것이기 때문에 북한의 경제는 개선되지 않는다는 지적입니다. 어느 면에서는 비핵화보다도 먼저 요구되는 것이 김일성주의의 포기와 정치개혁이라고 강조하고 있습니다. 공감이 가는 말씀이기도 합니다. 북한이 김

일성주의를 포기하고 핵을 내려놓으면서 남과 북이 공생 공영의 길로 나아가다가 통일이라는 목적지에 도달할 수 있도록 대한민국 국민들이 분발하여야겠고 위정자도 바른 판단과 책임을 다하기를 기대해봅니다.

　—한반도 주변 강대국들은 우리를 배반했었지요. 우선 그 자초지종을 살필 필요가 있겠습니다. 우리나라가 일본에 외교권을 빼앗겼던 을사늑약 두 달 전에 미국의 사절단장 윌리엄 태프트 전쟁부장관이 일본에서 가쓰라 다로 총리와 일본의 한국지배를 승인한다는 밀약을 이미 맺고 왔는데도 까맣게 모르고 있었지요.

　1950년 1월에는 미 국무장관 애치슨이 미국의 극동방위선을 알류산열도·일본·오키나와·필리핀을 연결하는 선으로 정한다는 '애치슨라인'을 발표하며 한국을 방위선 밖으로 빼버렸지요. 그래서 김일성이 스탈린과 모택동을 업고 6.25전쟁을 일으키지 않았습니까?

　그런데 그 반대급부도 있지요. 6.25전쟁에서 미군은 5만 4천 명의 목숨과 10만명의 부상자를 바쳤습니다. 그 큰 미국의 도시에 한사람이 나올까 말까 한 하버드대학 출신 병사들도 한국전에서 목숨을 잃었지요. 미국인들이 보면 김대중 노무현 문재인 대통령으로 이어지면서 미국대사관 앞에서 성조기를 태우며 데모를 하지 않나, 약속한 사드는 설치하지 않고 자꾸 뒤로 미루지 않나, 건국대통령으로서 한·미군사동맹을 맺음으로써 자유민주주의 초석을 놓은 이승만을 무시하는 이 나라 정부와 국민을 어떻게 보겠습니까?

판문점 1차 정상회담 후 여론조사를 했더니 김정은을 신뢰한다는 국민이 77.5%에 달했다고 합니다. 머리는 차갑게 하라는 말이 있는데, 고모부와 가족을 살해한 살인마를 77.5%나 신뢰하다니요. 손 박사님께서는 어떻게 이해하십니까? 그 점도 궁금합니다.

손대오 - 현 정부, 곧 문재인 촛불정부는 41.08%의 득표로 출범되었습니다. 투표율이 77.2%였던 것을 감안하면 전체국민의 60%는 문재인을 찍지 않았다는 것을 상기해야 할 것입니다. 6.13지방선거 싹쓸이결과를 놓고 흥분하여 과속할 수도 있겠지만 대한민국의 정체성과 정통성을 흔들려는 정부여당의 성급한 시도는 반드시 국민 저항의 난관에 부딪치고 낭패를 보게 된다는 것을 잊지 말아야 할 것입니다. 왜냐하면 대한민국의 정체성과 정통성을 파괴하려고 끊임없이 획책해 온 세력의 뿌리가 다름 아닌 북의 3대 세습 김씨네 주체왕조이기 때문입니다.

대한민국 반대세력(민주화, 평화, 정의, 도덕)들의 민낯이 드러나고 있다

남한 내부의 반 대한민국 세력의 숙주가 북한의 주체왕조라는 것이 점차로 확인되고 밝혀지게 되는 추세로 국제정세와 남북관계가 전개될 수밖에 없는 것입니다. 지금까지 국내에서 움직이던 반 대한민국 세력들이 민주화세력, 평화세력, 정의세력, 도덕우위세력으로 위장하여 재미를 보아왔는데, 이제 그 민낯이 드러나고 그 숙주가 북의 주체왕조라는 것이 감출 수가 없는 판이 벌어지게 될 것입니다. 그런데도 나팔수 언론미디어에 붙들린 "개돼지"국민들이 깨어나지 못하는 수준으로 의식이 마취되거나 안보가 파탄이 난다면 우리 대한민국은 끝장이 나고 북의 통일 전선전략인 연방제에 끌려들어가서 뼈도 못 추리고 없어져 버리 겠지요.

그러나 이 나라 대한민국은 하나님이 보우하시는 나라입니다. 위에서 말한 대로 하나님의 반대편에 있는 악마가 유물론, 무신론, 진화론을 증오와 저주의 변증법과 조합하여 만들어낸 공산주의 인간관 세계관 역사관이 집중적으로 공략하고 있는 곳이 남과 북이 분단된 이 한반도입니다. 남쪽은 하나님의 챔피언이고 북쪽은 악마의 챔피언입니다. 전쟁은 언제나 먼저 치는 놈이 악마편입니다. 그 악마는 초반전 중반전까지는 기세가 우위에 서지만 마지막 종반전에서 하나님의 선편에게 무릎을 꿇게 되는 것입니다.

세계1,2차 대전도 그랬고 6.25전쟁도 그랬습니다. 무력으로 기습 남침했던 공산군이 낙동강 이남만 남겨놓았을 때, 16개국 유엔군이 달려올 줄을 상상이나 했겠습니까? 그로부터 68년의 세월이 흐른 지금 대한민국은 바깥으로부터는 주체사상과 핵으로 중무장한 북한이 남한내부에 그들의 충직한 추종자들을 만들어내는데 크게 성공한 듯이 보입니다. 소위 혁명의 만조기(滿潮期)가 도래했노라고 희희낙락 하고 있을 지도 모릅니다.

그러나 이제 종반전으로 접어든 시점이 가까워지고 있다는 것을 생각하면 지금부터가 흥미진진해질 것입니다. 무슨 일이 벌어질지 두 눈 부릅뜨고 지켜보아야겠습니다. 미국 트럼프대통령과 김정은의 싱가포르 회담은 분명히 예사로운 사건이 아닙니다. 후속 비핵화조치를 둘러싸고 벌어지는 양측의 밀당이 어떻게 진전될 것이고 어떤 결말이 날 것인지 지켜보십시다. 하나님이 보우하사 우리나라 만세라는 결론이 나오게 되려면 어떻게 해야 되겠습니까?

먼저는 대한민국 정부와 국민은 물샐 틈 없는 국가안보태세를 갖추는 상무(尙武)정신을 바탕으로 한미동맹을 강화해 나가야 합니다. 그 터 위에 전 국민은 사상 이념적으로 북한의 주체사상과 공산주의의 유물변증법 등을 걷어낼 수 있는 대안 사상 이념으로 무장하고 학습하여야합니다. 그리하여 더 이상 저들의 이념 사상공세에 밀려서 할 말이 없는 무뇌충들이 돼서는 안 됩니다. 기성세대들부터 이런 학습을 시작해야합니다. 그렇게 함으로써 우리 자녀들의 두뇌를 좌익교사들에게 내주지 않아야 합니다.

인간 본성을 기준으로 새롭게 태어나야 한다

교과서마저도 좌편향으로 나가는 것을 보면서도 부모세대들이 입을 열 수 있는 학습을 아니 한다면 그게 부모고 어른이 맞는 겁니까? 내가 위에서 증오와 투쟁의 철학 〈변증법적 유물론(辨證法的 唯物論)〉을 극복 대체할 수 있는 철학적 대안을 〈수수법적 유일론(授受法的 唯一論)〉이라는 새로운 이름으로 제시한 것도 이런 학습노력을 촉구하는 의미에서입니다.

찾으면 답이 있습니다. 관심을 가지고 배가 고프고 목이 마르면 밥과 물을 찾아낼 수 있는 것입니다. '구하면 주실 것이고, 찾으면 나타날 것이며, 두드리면 열리리라'는 말씀이 왜 있겠습니까? 이것은 단순히 공산주의를 극복하는 데만 그 목적이 있는 것이 아니고 그 너머 인류문명의 처참한 종말을 구해내는 거룩한 일이기도 합니다.

또 우리 한반도의 남과 북은 우익(자유민주주의, 자본주의시장경제)과 좌익(마르크스, 김일성주의 사회, 공산주의 계획경제)의 마지막 대결장이고 결산처이기도 합니다. 어찌해야 되겠습니까? 한 쪽이 다른 한 쪽을 침략하여 정복하는 통일을 할 수 있겠습니까? 인간본성을 기준으로 보다 가까운 쪽은 보완하고 그 본성에 반하는 쪽은 전환시켜 새롭게 태어나게 해주어야 할 것입니다.

그러나 이 양자는 서로 원수가 아닌 형제입니다. 남북이 본래는 형제입니다. 부모를 잃어버린 형제가 서로 형제인 줄도 모르고 원수가 되어버린 형국입니다. 사상 이념적으로도 좌익과 우익은 원수가 된 형제와 같습니다. 이 원수가 된 사상이 서로를 형제로 알아보기 위해서는 부모 같은 사상 이념이 출현해야 하는 것이 아니겠습니까? 그래서 좌익(左翼, 형) 우익(右翼, 아우) 두익(頭翼, 부모)이라는 사상적 개념의 위상을 설정할 수 있는 것입니다.

좌익과 우익의 형제갈등과 투쟁을 부모이신 두익의 사랑과 조정 통합의 기능과 리더십으로 해결한다는 것입니다. 이것이 남북통일의 길이 아니겠습니까? 흔히들 '새는 좌우 양 날개로 난다'고 말합니다. 그러나 이 말은 새의 두뇌가 자이로스코프(Gyroscope, 回轉儀)기능을 하고 있다는 것을 빼놓고 하는 피상적인 말입니다. 좌익과 우익을 통합·조정하여 새가 균형을 잡고 비상하여 목적지에 도달하게 하는 머리 두(頭) 자, 날개 익(翼) 자, 두익사상(頭翼思想)은 남과 북이 평화 상생 번영의 길로 인도할 통일의 사상이 될 것입니다. 두익사상이라는 새로운 개념의 이념체계도 여러분의 사고의 지평확장을 위해 대담을 마무리하면서 제안하는 바입니다.

—마지막으로 조선일보 7월 14일자 1면에 난 기사와 함께 여쭈면서 마무리 말씀을 부탁드리고자합니다. 기사는 「수출 대표기업 보는 여당 원내대표 시선」이라는 큰 제목 다음에 '삼성이 글로벌 1위 된 건 협력업체 쥐어짠 결과'라는 부제가 있고 다음과 같은 기사가 실려 있었습니다. 대충 간추려서 소개하겠습니다.

더불어민주당 홍영표 원내대표가 13일 "삼성이 1, 2, 3차 협력업체들을 쥐어짜고 쥐어짜서 그것이 오늘의 세계1위 삼성을 만든 것"이라고 말했다. 또 "20년 전과 차이를 비교해 보면 삼성은 세계적 글로벌 기업이 됐지만 우리 가계는 오히려 더 가난해졌다"고 했다.…삼성 등 대기업을 겨냥해 양극화 등 경제문제의 책임론을 제기한 것으로 해석된다. 그러나 재계 관계자는 "삼성의 1차협력사 영업이익률은 8,5%로 국내제조업 예년 평균인 5%보다 높다"며 "정부·여당이 전형적인 '쥐어짜기'와 '거위 배가르기' 전략으로 나가는 것 아닌가 우려된다"고 했다.

홍 원내대표는 "삼성이 작년에 60조원의 순이익을 냈는데, 60조 원 중에서 20조원을 풀면 200만명 한테 1000만원씩 더 줄 수 있다"고 했다. 홍 원내대표는 "대기업이 단가 후려치고 '꺾기' 이런 것 못하게 국회에서 제도적 장치를 마련하고 있다"고도 했다. 하지만 재계에선 "대기업이 경제성장과 소득 창출에 기여하는 역할은 빼고 책임만 강조하는 것은 부당하다"는 반응이 나온다.

성태윤 연세대 교수는 "삼성이 높은 이익을 올리는 것은 협력업체를 쥐어짜서가 아니라 꾸준한 연구개발과 투자를 통해 치열한 국제경쟁에서 이겼기 때문"이라며 "기업의 이익을 정부가 국민에게 나눠주면 된다는 식의 발상도 적절치 않다"고 지적했다.

이 기사문에는 '쥐어짜기' '후려치기' '꺾기' '거위 배 가르기' 등의 언어가 나오는데, 보통 사람들은 재벌이 협력업체들을 쥐어짜고 후려치고 꺾기를 해서 부를 누리는 것으로 믿기 쉽고 증오감도 갖기가 쉬울 것입니다. 그러나 오늘 손대오 박사께서 마르크스의 모순된 증오의 철학을 비판하고 그 대안까지 제시해주셨는데, 이 글을 읽게 되는 독자는 좌익 쪽에 기운 여당 대표가 그런 말을 하게 된 원인을 알기 때문에 그런 선동에 휩쓸리지 않으리라고 봅니다. 지금 나라가 아주 어렵고 어지럽습니다. 대한민국 국민은 책도 읽지 않습니다. 주적 개념도 없고, 애국심은 바닥났습니다. 우리가 어떻게 살아야 할지, 이 신문기사와 관련해서 마무리 말씀을 해주시기 바랍니다.

공짜로 얻어먹는 거지근성이 생겨 배고픈 돼지가 되고 만다

손대오 - 현 문재인 촛불정부는 정치·이념적으로는 친북 내지 연북연방제통일로 가는 것이 나침반이고, 경제적으로는 친노동 반기업 사회주의 경제 곧 빈곤평준화 갈라먹기로 가는 것이 그 로드맵이고, 사회문화적으로는 신좌익가치관으로 연대되고 있는 시민사회단체들이 대중을 동원하여 체제를 변혁하려는 적폐청산의 깃발에 박수를 치게 만드는 것입니다. 이렇게 하는 데는 포퓰리즘이 제일 좋은 처방이 되는 것이지요. 그러니까 나라의 곳간을 흥청망청 풀어서 수적으로 많은 노동자와 상대적 저소득계층을 타깃으로 하는 경제정책인 임금인상, 최저임금 인상, 근로시간 단축, 공무원 대거 고용, 기업투자 봉쇄, 기업가망신·구속·옥죄기, 국민연금투자로 의결권강화, 기업경영권 불안, 규제완화시행 미루기, 공정거래위원회 압박 등이 일상사가 되어버린 것입니다. 이렇게 되면 일반국민들은 공짜로 얻어먹는 거지 근성이 생기고, 나라에서 내 삶을 책임져 주겠거니 하는 배고픈 돼지들이 되고 말 것입니다. 그 결과 젊은이들이 이런 병든 정신에 길들여져서 아무런 능력도 없고 경쟁력도 갖추지 못하는 사람들로 길러지는 것이 가장 무서운 일이 될 것입니다.

청년시절부터 대우자동차에서 노조운동을 해온 것이 대표적인 경력인 홍영표 여당원내대표가 저런 의식을 가지고 있는 것은 새삼스러워 할 것도 없습니다. 기업만 살찌고 근로자들은 착취당하고 있다고 주장하는 19세기 마르크스주의의 〈노동가치설과 잉여가치론〉에서 비롯된 케케묵은 무식한 얘기를 21세기 세계적 선진 초일류기업인 삼성에다 그대로 들이대고 있는 돈키호테 같은 행위이니까요.

삼성이 글로벌 1위가 된 것은 협력업체를 쥐어짠 결과라고? 이 말은 삼성에서 인생을 걸고 피땀을 흘리며 봉직해온 수많은 사람들을 거짓말로 모욕하는 언어폭력입니다. 대기업 경영진과 직원들이 뼈를 깎는 노력으로 세계경쟁에서 창출하여 보유하고 있는 사내유보금이 협력업체를 쥐어짠 결과물이니, 배를 갈라 나눠먹자고? 그 기업이 세계적 경쟁에서 앞서가기 위한 여력을 다 소진시켜버릴 짓을 정부가 앞장서서 하는 이유가 무엇인지 뻔히 속이 보이지 않습니까? 더욱이 그 기업에 근무하는 근로자들은 최상의 대우와 혜택을 받으며 자랑스러워하고, 취업준비생들에게는 선망의 대상이고, 사회적 기여도 제일 크게 하는 데도 여당 원내대표가 왜 저런 날선 발언을 쏟아낼까요? 삼성의 배를 갈라 그 속의 황금알을 외부인들에게 나눠주면 그 돈이 어디로 가서 삼성보다 더 많은 황금알을 낳아 온 답니까? 이것은 정치적 표계산, 포퓰리즘에 호소하기 위한 설탕물 뿌리기 술책일 뿐입니다.

정치·이념적으로 연북연방제로 나가려는 일이나, 사회문화적으로 신좌익문화혁명을 시도해보려는 일은 둔감한 일반대중들에게는 현실적으로 체감되기까지에 시간이 좀 오래 걸릴 수 있습니다. 그러나 경제문제나 민생문제와 관련된 거짓이나 잘못된 정책의 결과는 즉시 우리의 생존에 직결되어 체감된다는 것은 정말 다행한 일입니다. 경제에는 거짓말이 안 통하는 것입니다. 인간의 본성에 반하는 철학과 세계관을 기초하여 인간의 정신과 신체를 지배하려는 일체의 정치, 경제, 사회, 문화체제는 결단코 존속할 수 없다는 것은 이미 거대한 사회공산주의혁명 73년의 경험(1917-1990)이 인류에게 가르쳐준 값비싼 교훈이 되어 있습니다.

북한이 비핵화로 개방하는 길과 남한이 연방제로 끌려가는 길

지금 한반도에는 상반되는 두 조류가 부딪치면서 시간싸움을 하고 있습니다. 남한의 좌파들은 북과 손을 잡고 반미친북 연방제통일을 달성하기 위해 다방면에서 과속으로 내달리고 있고, 우파에서는 이런 좌파들의 연방제통일을 저지하고 한미동맹을 강화하면서 북한을 비핵화 시키고 개방하여 남북이 공생하는 통일을 추구하고 있습니다. 지금 진행되고 있는 미북회담의 후속 조치도 이 시간 싸움과 직결되어 있는 것입니다. 좌파가 더 빨리 나가느냐, 우파가 먼저 목적을 이루느냐의 시간싸움인 겁니다.

북한은 지금 남쪽의 좌파들에게 〈우리민족 끼리〉를 끊임없이 부추기고 있습니다. "남조선 인민들 속에서는 사상과 제도, 정견과 신앙의 차이를 초월하여 〈우리 민족끼리〉의 기치 밑에 민족적 단합을 도모하려는 연북(聯北)화해의식이 날로 높아가고 통일운동이 전민족적 범위에서 발전하고 있다."고 선전하고 있어요. 공산주의는 본래 계급주의이기 때문에 민족주의와는 양립이 안되는 것입니다. 그런데도 김정일은 "공산주의와 민족주의가 양립될 수 없는 것으로 보는 것은 잘못된 견해다."라고 하면서 마치 북한은 민족주의를 지지하고 고무하는 것처럼 위장하여 남한의 대중들을 끌어들이려는 것입니다.

이런 민족주의자가 북한 내부에서는 출신계급에 따라 50여 단계의 성분으로 분류하여 인민을 숙청 억압차별 대우하는 것이 말이 됩니까? 김일성 김정일 김정은이 과연 민족주의자입니까?

남쪽을 현혹하기 위한 위장 민족주의의 민낯을 감출 수는 없는 것이지요. 실제로 김정일은 남한이 적화통일되면 남한 내의 친미사대주의자, 친일반동, 매판, 부르주아지들 100만 명은 처형, 700만 명은 투옥시켜서 제거하고, 800만-1천만 명은 해외도주 탈출케 하여도 남북한 인구 5000만 명을 가진 국가를 만들면 된다고 공언한 바 있습니다.

이것이 〈우리 민족끼리〉의 본 모습인 겁니다. 또한 북베트남의 호치민도 민족주의자로 이름을 떨친 지도자였습니다. 민족주의자란 그가 이끌었던 북 월맹이 남쪽 월남을 적화하면서 600만 베트남인을 처형시키거나 재교육 캠프에서 죽게 했고, 1백만 명의 보트 피플과 10만 명의 익사자를 발생시켰습니다. 이런 인간들이 공산주의자가 말하는 민족주의자인 겁니다. 민족주의의 가면을 적화통일의 전략전술에 최대한 이용하고 있는 것입니다.

북의 대남 통일전략전술인 민족자주, 민족해방, 연북 연방제통일이 〈우리 민족끼리〉라는 위장평화의 깃발로 휘날리고 있는 이때 우리국민의 선택은 무엇이어야 하겠습니까? 남한이 북한의 연방제로 끌려들어가는 길과, 북한을 비핵화하고 개방하는 길 중 어느 길을 선택해야겠습니까?

1975년 월남이 적화통일 된 게 벌써 45년이나 지났습니다. 월남의 적화통일과정을 제대로 알고 있는 분들은 70이 넘은 분들입니다. 그 과정이 얼마나 처참했는지 후세대들에게 전하여야합니다. 60대 이하는 6.25는커녕 월남적화통일 과정에 대해서도 거의 모르고 있는 실정입니다. 모르면 배워야지요. 귀를 열어야지요. 젊은이들은 그런 사태가 우리나라에서 벌어지면 어떤 참상이 자신과 그 가족들에게 벌어질 것을 상상도 못하고 있을 겁니다.

이와 같은 사태가 오게 되는 역사적 맥락과 이념적 뿌리를 배워서라도 아는 학이지지(學而知之) 수준이라도 되는 우리 국민이 되어야 하지 않겠습니까. 곤이지지(困而知之, 당해보고 알게 된다)의 우둔한 국민이 되거나, 곤이불학(困而不學, 당하고도 배우지 못하는)의 미련한 국민이 되어 재기불능의 재앙에 떨어지지 않아야 합니다.

그러기 위해서는 국민들이 좌파세력들의 선동 나팔수 노릇이나 하는 대중매체와 TV화면 앞에서 입 벌리고 앉아있지 말고 청년 이승만이 고종으로부터 종신형을 선고받고 29세 때 한성감옥에서 피를 토하며 저술한 책『독립정신』부터 구하여 읽어보기를 강력히 추천하는 바입니다. 이승만이 청년시절 옥중에서 그런 저술을 한 것을 모르는 국민들이 99.99% 이상일 겁니다. 모르면 당하는 것입니다.

—명쾌한 말씀 감사합니다.

손대오 (孫大旿)
고려대학교와 동 대학원 졸업(문학박사)
선문대학교 교수, 부총장 역임. 고려대, 단국대 강사.
세계일보 편집인, 주필, 회장 역임.
현재 두익사상포럼 대표.

시편

단제성조전상서 檀帝聖祖前上書

지금은 빼앗긴 들도 아닌데
들이 살아 있는 우리 땅인 데도
허리가 동강났습니다.

쓸개 빠진 이 나라 백성으로서
당신 쓸개 빼어 던지고 사는 삶이
치욕스럽습니다 모욕스럽습니다.

어제는 창씨개명에 신사(神社)참배에
당신을 잊고 살았는데,
오늘은 얼간이 학자들 종교인들이
당신을 몰아내었습니다.

돌팔이 학자들 종교인들이
당신 생일을 토막 내고
동상의 목을 자르더니,
나라님도 개천절에 나오지 않습니다.

단제 할아버지
쓸개까지 빼어주고 살아온 저희들
당신의 쓸개를 핥을 수 있도록
쓸개 핥고 제정신을 차릴 수 있도록
단제(檀帝) 4352년에는 소식 주십시오.

세종대왕전상서

문민정부라 하던데
한글날을 까먹었습니다.

국제화 세계화 물결에
훈민정음이 실종되었습니다.

생일도 찾지 않는 한글날
미역국을 먹어본 지 오래입니다.

어제는 성삼문 박팽년이 와서 울더니
오늘은 당신께서 친히 납시어
"내가 왜 한국은행 전속 모델이냐"고
서럽게 서럽게 우시었지요.

생일도 찾지 않는 눈물의 왕
훈민정음 총살당한 당신께서는
올해 그 날엔 소식 주십시오.
우표도 소용없는 당신의 안부를.

이순신장군전상서

동서남북 사방팔방 노리는 자들 많은데,
대한민국은 군기가 빠져 있습니다.

대한민국 경찰도 기가 없습니다.
시위대에게 얻어맞기 일쑤이고
이리저리 끌려 다니는 등
보기도 민망할 따름입니다.

집을 지킬 줄 모르는 개가
주인을 무는가 하면,
도둑에게 꼬리치며 아양을 떤다면
장군께서는 어찌하시겠습니까.

포청천 하나 없는 나라
오, 우리나라 대한만국
집도 지키지 않은 채
주인에게 짖어대고
통갈비를 던져 주었다고
주인에 짖고, 도둑에 꼬리치는
개를 어찌해야 합니까.

이 나라 개들을 어찌해야 합니까

시천주侍天主

할머니는
소련제 탱크가 왔을 때에도
미군 폭격기가 왔을 때에도
입버릇처럼 주문을 외우셨다.
시천주 조화정 영세불망 만사지
侍天主 造化定 永世不忘 萬事知

할머니는
할아버지를 잃었을 때에도
아버지를 잃었을 때에도
입버릇처럼 주문을 외우셨다.
신사영기 아심정 무궁조화 금일지
神師靈氣 我心定 無窮造化 今日至
할아버지는 동학민병이었다.

한밤중, 산발한 머리카락과
황토 흙 피투성이로 돌아오면
할머니는 시천주만을 외우면서
피 묻은 역사를 빨래하셨다.

할아버지와 할머니가 살던
아버지 고향은 동학의 발상지였다.

전라북도 정읍군 신태인읍 신용리
444번지 창원 황씨 집성촌이었다.

할머니는 익산의 황등댁
자식을 나는 족족 날렸다.
왜 자식을 데려가시느냐고
천지신명께 소지 날리며 묻자
고향을 등져야 자식을 살린다는
해괴한 점괘가 나왔다고 했다.

타향살이는 가시밭길이었다
낯선 타향살이 풍상노숙은
거리마다 질경이를 번식했다.
뒷산에서 부엉이가 울면
초가에서는 문풍지가 울었다.

"별이 총총 난
여름 밤⋯⋯
돈 천 원만 누가 준다면
눈알 두 개를 빼주겠다는
늙은 농부가 있었다."고
장영창 시인이 피를 뱉던 시절에
평야는 하늘 아래 누워있었다.

하늘 아래
호남평야가 누렇게 누워있는 까닭은
황달 든 농부들이 어지럽기 때문이었다

공기시론 空氣詩論

시를 사랑하면서도
그게 그렇게 대단한 줄을
예전엔 미처 몰랐었느니라.

폐에서는 꽈리가 열리고
특발성 폐섬유화증이라고
구름 같은 솜털이 떠다니면서
숨도 제대로 쉬지 못하는 노옹(老翁)이
청계산 숲속을 거닐고 있었느니라.

처녀 산이라 물도 많고
경치가 좋아 더 나아가고 싶은데
코에 연결된 산소 파이프가 다 되어
더 이상 나아가지 못하게 되자
성깔 있는 노옹은 산소 줄을 빼어 던지고
앞으로 앞으로 나아가고 있었느니라.

아아, 공기가 좋구나!
죽을 사람도 살리는구나.
이때 머리를 스치는 생각 한 자락,
유안진 시인의 지론이 떠올랐느니라.

"값이 없을수록 좋은 거지요.
공기 햇볕 바람 하느님……
값이 없는 게 없으면 모든 생명은 죽지요.
시는, 시인에게는 하느님 다음,
누가 알아주든 말든 공기처럼
값이 없는 시를 즐기며 쓰지요."

창변窓邊의 손

-남북이산가족상봉 마지막 날에

하나의 손바닥을 향하여
또 하나의 손바닥이 기어오른다.
차창 안의 손바닥을 향하여
차창 밖의 손바닥이 기어오른다.

줄리엣의 손을 향하여
로미오의 손이 담벼락을 기어오르듯
기어오르는 손바닥 사이에 차창이 막혀 있다.

유리창은 투명하지만,
매정스럽게 차가웠다.

차창 안의 손은 냉가슴 앓는 아들의 손
차창 밖의 손은 평생을 하루같이 산 어미의 손
신혼(新婚)에 헤어졌던 남편과 아내의 손
손과 손이 붙들어보려고 자맥질을 한다.

손은,
오랜 풍상(風霜)을 견디어내느라 주름진 손은
혹한(酷寒)을 견디어낸 소나무 껍질 같은
수없는 연륜(年輪)의 손금이 어지럽다.

암사지도(暗射地圖)보다도 잔인한
상처투성이 손이 꿈결처럼 기어오른다.

얼굴을 만지려고, 세월을 만지려고
눈물을 만지려고, 회한(悔恨)을 만지려고
목숨 질긴 칡넝쿨처럼 기어오르면서
왜 이제야 왔느냐고,
왜 늙어버린 뒤에 왔느냐고,
유복자(遺腹子) 어깨를 타고 앉아 오열을 한다.

하지감자

멍든 빛깔의 하지감자는
엉골댁 욕쟁이 할머니,
쪼그라들면 쪼그라들수록
일본 순사 쏘아보던 눈빛이 산다.

일제에 징용 간 남편은 소식 없고
보쌈에 싸여가서 아기 하나 낳았다가
6.25 전장에서 재가 되어 돌아온 후
걸쭉한 욕만 살아서 푸른 독을 뿜는다.

멍든 하자감자는
껍질을 까기가 힘이 든다.
사내놈들 보쌈에 싸여 가는 동안
은장도를 가슴에 품은 채 벼르고 벼르던
그 날 선 빛깔이 눈물이 되고 욕설이 되어
독을 품은 씨눈에서 은장도가 번득인다.

적조현상 赤潮現象

시청 앞 광장.

초저녁부터 별 떨기 같은 촛불의 무리가 순수 샛별로 반짝이더니 언제부터인가 촐싹대던 물결에서 대량으로 번식하던 쇠파이프와 각목, 낫과 망치들이 플랑크톤을 번식하면서 적조의 바다는 삽시간에 피로 물들었다.

각목은 영양염류를 퍼뜨리고

쇠파이프는 쓴물을 발산하여

청와대로 진격하자고

경찰차를 때려 부순다.

붉은 물결은 피투성이다. 벗기고 싶은 가면은 촛불 뒤에서 뒤집어엎는 일과 발목 잡는 일을 작당하고 주동하면서 밤이 깊어지고 날이 샐 때까지 자정능력을 상실한 채 물대포에 맞서서 욕설을 탈곡한다. 바다를 살리기 위해 타 뿌리는 물대포의 황토흙물이 적조를 막지 못하자 불어난 불법이 합법을 가장했다. 건널목의 빨간 신호등 앞을 많은 사람들이 건너가듯 불법이 많아지면 합법이 된다고.

아파트 항아리

계백 장군의 발성,

욕되게 사느니
차라리 내 손에 죽어라고
쳐들었던 망치를 내려치자
대물림 받은 항아리가 비명을 질렀다.

봄부터 가을까지
햇볕에 거풍시키고
흰 구름도 놀다 가게 뚜껑을 열며
풍신한 몸매 물걸레질하던
할미와 어매도 비명을 질렀다.

조상 대대로 대물려 내려온
흙의 파편들을
경비 아저씨는 종량봉투에 버리란다.

김치는 냉장고에 두고
간장을 한 병씩 사먹으면 되는
편리한 세상에 계백이 죽는다.

여의도 매미

목재소 톱니바퀴에
원목 썰려지는 쇳소리가 난다.

판자를 켤 때 나동그라지는 소리
각목을 켤 때 나동그라지는 소리
세금만 축내면서 나동그라지는 소리
비정규직 퇴출될 때 나동그라지는 소리
둥근 톱니에 물려 뜯기면서
쇳소리를 내지르면서 나동그라진다.

난장판 개판치는 소리
유혈이 낭자한 가운데 격투가 벌어지는 소리
주먹을 날리고, 기구를 집어던지고
해머, 전기톱, 소화전이 난무하는 소리
사나워진 매미들이 쓰름쓰름 매암매암

의원 숫자를 줄여라!
선량들을 외국에서 수입해 오라!
조직폭력 국회의원은 물러가라!
염증을 느끼는 동안에
사나워진 매미에게서
국회 문짝 때려 부수는 쇳소리가 난다.

전도현상

부친의 방에서 짐을 끌어내는 아들에게
아버지가 묻습니다.

"내 방의 짐은 왜 옮기느냐?"
"아버지 방에 뉴트리아를 키우려고요."

"그럼, 나는 어디서 자느냐?"
"아버지는 저희 방에서 자면 됩니다."

"그럼, 너희들은?"
"저희들은 거실에서 자고요."

"불편할 텐데……"
"사람이 불편해도 뉴트리아를 잘 모셔야 합니다."

"?"
"우리 가족의 명줄이니까요."

"애비 방에 모셨으니 하등동물이 상전이구먼."
"돈을 벌면 호강시켜드릴 테니 조금만 참으쇼."

"돈이 된다면야 따라야지."
"돈 없으면 죽는다니까요."

*이 시는 허련순의 소설 「아B정전」에서 패러디한 작품임을 밝힙니다.

축逐에 대하여

사람을 미워하지 말라.
사람을 미워하면 축에 몰리느니라.

축에 몰리면
사물이 제대로 보이지 않느니라.

부모도 형제도 보이지 않고
나라도 이웃도 보이지 않느니라.

과거도 현재도 보이지 않고
미래는 더욱 보이지 않느니라.

개구리 올챙이 적 시절도 안 보이고
햇빛과 공기와 수분……
도와준 은혜도 보이지 않느니라.

웃기는 시 울리는 시

노교수가 학생들에게 물었다.
"6.25가 몇 년도에 일어났느냐"고.

그러나 모두들 꿀 먹은 벙어리였다.
절망하기 싫은 명예교수가
명예를 회복하기 위해서 다시 물었다.

"올해가 단기 몇 년이냐"고.
역시 모두들 꿀 먹은 벙어리였다.

분단의 원인도 모르고
제 나라 생년도 모르는 반거들충이들
지구가 반칙을 일삼고
병이 깊어지니까 하늘도 노하여
빈 하늘에 헛수고를 한다.

별들이 쏜살같이 사정하며 떨어지는
하나님의 혼불
신(神)은 돌아가셨는가?

개犬천절에 견공犬公들이 짖는다

오수(獒樹) 충견(忠犬)들이
개천절에 개犬천절을 결사적으로 짖는다.

이 날에는 임금이 납셔서 제사지내야 하거늘
나라님은 코빼기도 비치지 않고 애완견들만 나와서
개천(犬天)예술제라니 말이 되겠느냐고?!

어찌하여 나라님은 나오지도 않고
사람이 하늘(人乃天)이 아니라
개가 하늘(犬乃天)이라니, 오호 흉조로다.

오수의 견공(犬公)들이 왕! 왕! 왕! 왕! 짖는다.
멍멍멍멍! 왕왕왕왕! 앙칼지게 짖는다.
견내천(犬乃天)은 가라고 왕(往)! 왕왕왕왕! 짖는다.

아무리 세상이 말세라지만
아무리 주객이 전도된다 하지만
어찌 개가 사람을 넘어서 하늘이 되겠느냐?

단제성조(檀帝聖祖) 뵐 면목이 없다고
오수 개들이 몰려나와서 들고 일어나
대한민국 국군이 못한 열병분열식을 하고
광(狂), 광쾅쾅! 미친 듯이 목 쇠게 짖는다.

달걀의 껍데기

경외성경에 이르기를
맑은 눈을 가진 자는
정직한 눈으로 보라고 하더라.

남의 눈의 티를 보려 하지 말고
자기 눈에 타오르는 분노의 불꽃을
눌러서 끄라고 하였느니라.

6.25 전쟁 부산 피난시절에
가족을 부양한 여고생이 있었느니라.
양담배를 팔다가
전매청 직원에게 압수당하고,
병석에 누운 아버지 병원치료비를 대려고
목돈을 구하려다 몸을 팔게 되고
마침내는 양공주가 되었느니라.

가족을 부양하면서 남동생의 학비를 대어
대학까지 마치게 하였으나
동생은 누이를 더럽다고 창피하다고
외면하고 박대하였느니라.

일본 도쿄대학 교수는
일제에 능욕당한 한국이라는 처녀가
일본에게 돈을 빌려 달라고 손을 내민다고 썼느니라.

박정희는 일본에만 손을 내민 게 아니라
독일에도 내밀고, 미국에도 손을 내밀었느니라.
가난한 나라에 누가 돈을 빌려 주겠느냐?

박정희는 나라의 젊은이를 담보로
돈을 빌려 경제기반을 닦았느니라.
서독 광부 간호부들이 피눈물을 흘렸고,
열사의 중동에서 청년들이 땀을 흘렸으며,
월남전에서 파병용사들이 붉은 피를 흘렸느니라.

세계 최빈국이었던 나라가
경제대국으로 성장하는데 기반을 닦은
박정희 전 대통령의 기념도서관에
종내기들이 동상을 세우지 못하게 하였느니라.

어찌하여 과오만 들추어내고
'태어나지 말았어야 할 정부'라고 떠 외느냐?
자기 누이가 창녀라고 외치는 것과 무엇이 다르겠느냐?
누이는 몸까지 팔아서 아버지를 입원시켰고,
가족을 부양하며 대학까지 보내느라
자기는 공부도 못했다고, 착한 누이,
불쌍한 누이라고 말할 수는 없겠느냐.

문재인 정부는 출범하자마자 어찌하여
'새마을운동'을 지우려고 하느냐.
온 국민의 참여 속에 시작한 새마을운동은
근대화와 번영을 견인한 한국형 성장모델이 아니냐.

달걀의 부화과정을 통해서 깨어난 병아리가
그 껍데기가 자기를 억압했다고
증오하고 저주하면 되겠느냐.
달걀 껍데기에 때가 묻거나
상처가 있는 게 문제가 되겠느냐.

껍데기가
배자나 흰자 노른자를 보호해 주지 않았느냐.
달걀 껍데기의 보호 없이
어떻게 병아리로 부화되어 깨어나겠느냐?

양공주 누이가 없었다면 누가 가족을 부양하고,
아버지를 입원시키며, 동생을 가르칠 수 있겠느냐?

일제 때 만주군 장교였던 박정희가 없었다면
도탄에 빠진 극빈국에서 누가 민생고를 해결하고
민족중흥을 이루었겠느냐?

너희들은 그들이 피와 땀과 눈물을 흘릴 때
어디에서 무엇을 하였느냐.
땀을 흘렸느냐, 눈물을 흘렸느냐, 피를 흘렸느냐.

너희가 무엇 하러 광야에 나갔더냐.
경외성경에 이르기를
끝날에는 진인이 도적같이 오리니
맑은 눈을 가진 자는 그 맑은 눈으로
푸른 하늘을 보고 노란 세상을 보라 하였느니라.

신오감도 新烏瞰圖

여호와 하나님이 아니라
돈의 신神으로 납신 까마귀가
하늘에서 내려다보는 가운데
제1의 선장이 도주하오.
제2의 선원들이 도주하오.
제3의 선주가 도주하오.
제4의 안전행정 공무원들이 도주하오.
제5의 해양경찰들이 도주하오.
제6의 국회의원들이 도주하오.
제7의 법관들이 도주하오.
제8의 관료들이 도주하오
제9의 .관리 감독관들이 도주하오.
제10의 뺀질이들이 도주하오.
제11의 정치 선동꾼들이 도주하오.
제12의 변질된 촛불들이 도주하오.
제13의 사이비 신도들이 도주하오.
돈의 신이 공중에서 내려 보는 가운데
무책임과 무능과 비겁과 몰염치,
전관예우 솜방망이가 도주하는 가운데
선생님들의 출구는 보이지 않았소.
승무원들의 출구는 보이지 않았소.
학생들의 출구는 보이지 않았소.

자원봉사자들의 출구도 암담하오.
잠수부들이 뚫는 출구는 돈의 신을 지나
제물들로 트이기 시작하오.
선생님들의 살신성인으로
학생들의 살신성인으로
승무원들의 살신성인으로
잠수부들의 살신성인으로
자원봉사자와 국민의 눈물 빛으로
되살아난 내일의 태양이 떠오르오.

까치밥

우리 죽어 살아요.
떨어지진 말고 죽은 듯이 살아요.
꽃샘바람에도 떨어지지 않는 꽃잎처럼
어지러운 세상에서 떨어지지 말아요.

우리 곱게 곱게 익기로 해요.
여름날의 모진 비바람을 견디어 내고
금싸라기 가을볕에 단맛이 스미는
그런 성숙의 연륜대로 익기로 해요.

우리 죽은 듯이 죽어 살아요.
메주가 썩어서 장맛이 들고
떫은 감도 서리 맞은 뒤에 맛 들듯이
우리 고난 받은 뒤에 단맛을 익혀요.
정겹고 꽃답게 인생을 익혀요.

목이 시린 하늘 드높이
홍시로 익어 지내다가
새 소식 가지고 오시는 까치에게
쭈구렁바가지로 쪼아 먹히고

이듬해 새봄에 속잎이 필 때
흙 속에 묻혔다가 싹이 나는 섭리
그렇게 물 흐르듯 순애(殉愛)하며 살아요.

※ 이 시에서 시인은 일부 사람들이 핏대를 세워 목소리를 높여야 제 몫을 찾을 수 있다고 주장할 때 '다른 목소리'를 내고 있다. 조용하지만 확신에 찬 메시지, '죽어 살면서' 인생을 익히는 삶의 자세를 권장하는 이 목소리는 톤은 낮지만 울림이 깊다. 확고한 철학적 사고가 배경이 되어있음을 느낄 수 있다. 그냥 지나칠 수 없는 '목소리'이다. 이 시에서 "죽어 살아요"라는 말은 얼핏 보면 조용히 고생을 견디며 살아야 한다는 것 같지만 곰곰이 음미해 보면 고난을 딛고 새로운 차원으로 거듭나 살아야 한다는 말이다.

*조선족고급중학교교과서 조선어문(황토길, 필수1, 14쪽, 연변교육출판사) 「열독제시」에서 발췌.

미당未堂 지킴이 사설

　내사 머 암시랑토 안응깨 내 걱정들일랑 말어! 말라고, 잉?! 지들이 이 늙은 것을 워쩔 것이여, 시방! 똥 묻은 개가 겨 묻은 개 나무란다고 안 그럽디어? 예수는 죄 없는 자가 돌로 치라고 안 그렸다요? 이 세상천지에 과실 없는 사람 워디 하나라도 있간디? 그때는 모두들 돌을 내려놓고 물러갔다 안 그럽디어? 그 때는 양심이 살아있었던 것 같소. 시방은 양심이 죄다 죽었능개벼요. 양심은 씨가 말라서 낯바닥에 철판이라도 깐 것 같끄만이라우. 그 시러베아들, 호롱 딱쟁이 같은 것들이 늑대맹키로 달려들면서 으르렁거리는디 남사스러버서 못 보것등만요. 그 머시다냐, 미당이 머 친일파라고 혀쌈서 전두환을 찬양했다고 안 그러요. 입에 침을 튀겨감서 게거품을 무는디, 참말이제 그런 인간 말종들 못 보것등만요.

　미당이 전두환 칭찬허는 거야 잘못혔제. 그런디, 헌시를 썼다고 그럼서 시인도 아니라고 그러등만, 잘못헌 거야 잘못헌 거제. 인간 세상에 하눌님맹키로 고롷게 사는 사람이 워디 하나라도 있간디? 공은 공, 과는 과, 요롷게 인간적 내면까지 살펴야제, 워디 과만을 들춰갖고 물어뜯어감서 군중이 화나도록 미움을 부추기지 않능그라우. 고 싸가지 없는 쭉쩡이들은 떡 쪄먹고 시루 엎었다고 안 그럽디어. 페런허고 워떤 싸가지 없는 쭉정이는 전갈

맹키로 쏘기만 허고, 하이에나맹키로 물어뜯기만 허등만요. 하도 기가 맥혀서, 내가 그렸제. 워디서 큰소리냐고 소락배기를 꽥- 내질렀뿌렸제! 미당 이상 시다운 시를 쓴 시인 나와 보라고 그렸제! 워디 한 사람이라도 나오면 내 손꾸락에 불을 붙이겠다고 그렸제! 손꾸락에 불붙여 하늘로 올라갈팅개 워디 한 사람이라도 나와 보라고 그렸제! 그렸더니 말을 못 허등만요. 대처 지가 먼 재주로 내세울 거여? 시방! 미당 선생이 머가 아쉬워서 마음에도 없는 헌시를 썼것소. 신군부에서 똑똑헌 제자를 올가미에 얽어 넣으려고 허니깨 살려주려고 나섰지 않았능그라우?

6.25 전란 중에는 그놈의 뽈갱이들 등살에 죽을 고비를 수없이 넘겼다고 안 그럽디어! 자라에게 놀란 사람은 솥뚜껑만 보아도 가심이 벌렁벌렁 놀란다고 안 그럽디어? 그놈의 뽈갱이헌티 부산꺼정 밀리면 죽을라고 청산가리를 품고 댕기다가 정신이 햇까닥 혔다고 안 그럽뎌? 그 바람에 뼈저리게 새겨진 심중이 민주화 데모 혼란을 착각헌개벼라우! 자식 이기는 부모 없다고 안 그럽뎌? 데모조깨 혔다고 신군부 그물에 걸려 꼼짝달싹 못 허는 자식 앞질 터줄라고 스스로 오물을 뒤집어쓴 것 아니겄소?

나라가 망해갖고 식민지 백성으로 사는디, 만주 북방 독립군이면 몰라도, 국내 그물에 갇힌 물고기맹키로 사는 신세가 워쩔 것이여. 물론 친일이 잘한 것은 아니제. 백번 죽을 죄를 지었다기로서니. 구사일생으로 치욕을 견디어내고 기어나와 살아났다고 치자. 일제의 그물 속에서 발버둥치다가 김일성 집단의 불법 납치 때는 죽지도 못혀 생사를 넘나들다가 겨우 살아 돌아와 모국어를 붙들고 시선(詩仙)으로 대성한 미당에게 시인도 아니라고?

그런 너는 뭐여? 시방 말혀봐! 애국자라도 되는 거여? 시방! 사촌이 논을 사면 배 아파하는 인간 말종 아녀? 싸가지 없는 쭉정이가 머? 미당은 시인도 아니라고? 발가락의 때만도 못헌 것들이 누가 누구에게 돌을 던져? 시방! 인간은 신이 아녀! 인간은 누구나 공과가 있는 벱인디, 공은 빼고 과만 가지고 그러지 말드라고, 잉. 우물 속 개구리맹키로 올라가 나가려고 허면 밑에서 땡겨버리고, 또 땡겨버리고 그럼서 저도 못 나가고 남도 나가지 못허게 허는 고런 시라베 말종 짓은 하지 말드라고 잉?! 싸가지 없는 쭉정이 지들이 그려봤자 내사 머 암시랑토 않응깨. 커나는 총생들이 불쌍혀서 안 그려요. 남보기에 남세스러버서 그려요. 참말이제 남세스러버서 못 살 것끄만이라우! 그려도 내사 암시랑토 않응께. 제발 내 걱정은 말드라고, 잉?! 이 몸이 죽어서 나라가 산다면 못헐 것도 없제! 안 그려요? 이슬같이 사러져도 나라가 산다면야 아무래도 좋제라우! 통일된 나라에서 통일된 흙 다시 만져보고 죽었으면 원이 없것소. 원이 없것끄만이라우. 그런 세상 보고 나서 죽고 접소. 나도 미당 선생님맹키로 고롷게 함박눈이 최요옹허게 내리는 크리스마스 전야에 저승길 싸목싸목 갈랑그면요. 그렇게 가고접끄만요. 최요옹 최요옹 함박눈을 맞으면서 싸목 싸목……

무궁화 진딧물 1

-眞僞判別法

맑은 눈을 가진 분이 계시거든
무엇이 참이고 무엇이 거짓인지 통찰하셔요.

신석정의 촛불과 바슐라르의 촛불이 순수한지
광우병 파동으로 머리에 구멍이 쑹쑹 뚫린다는
명동의 미국산 거짓 쇠고기 촛불이 순수한지
살기어린 충혈 눈은 말고, 맑은 눈으로 보셔요.

북한 핵을, 로켓포를 머리에 이고 살면서도
사드를 반대하는 사람은 어느 나라 족속이며
미 대사관 앞에서 성조기를 불태우는 사람들은
어느 나라 백성인지 진위를 판별해 보셔요.

미군 물러가도록 한미동맹 와해시키자고
소리소리 지르면서 무궁화 갉아먹는 진딧물
통일을 저해하는 해충이 왜 이리도 많은지
이석기 풀어주라는 종단대표들 머릿속에도
삐딱한 국회의원들, 법관들, 언론인들 머릿속에도
무엇이 들어있기에 나라가 갉아먹히는지 보셔요.

눈은 눈대로 힛득 번득 돌아가고
팔은 팔대로 다리는 다리대로 흔들흔들 찔쑥 쩔쑥
불법이 많아지면 합법이 되는 쏘락빼기를 질러쌈서
똑바로 걷지 못하고 게걸음 橫步로 지리멸렬하는지
檀帝 4352년, 西紀 2019년 생일도 찾지 않는 나라에
통일을 가로막는 진딧물이 어찌하여 만연해 있는지
맑은 눈을 가진 분이 계시거든 무엇이 참이고 거짓인지
누가 통일을 방해하는지 눈에 흙 들기 전에 통찰하셔요.

무궁화 진딧물 2

-전갈 족속

일제(日帝) 식민지 시절에는
독립군 애국자 잡아 족치고
물고문 전기 고문하는 순사에게
속으로 주먹질하며 순사 새끼 하더니,

창씨개명(創氏改名)에
조선 글 말살하고
일본어만 가르치던 선생에게
속으로 주먹질하며 선생 새끼 하더니,

해방이 되고, 나라가 섰는데도
입에 붙은 버릇은 여전하여
언제나 순사 새끼, 선생 새끼라 한다.

단제 할아버지 동상 무너뜨리고
초대 대통령 동상 무너뜨리고
또 뭐 때려 부술 것 없나 하고
맥아더 장군 동상 노려보는 족속들
여전히 지랄 발광을 떤다.

언제까지나
전갈은 쏘는 것밖에 모르고
진딧물은 무궁화를 고사시킨다.

경찰 새끼!
선생 새끼!

무궁화 진딧물 3

-역사 해충

가랑비에 옷 젖듯이
해충들이 시나브로 점령군이 되었다.

한국사 교과서는
북한군의 불법남침을 서술하지 않고
6.25 직전 38선을 경계로
잦은 충돌이 일어났다고 서술하여
전쟁의 발발 책임이
남북한 양쪽에 있는 듯한 인상을 준다.

"동기로 본다면
인민공화국이나 대한민국이나
조금도 다를 바 없는 것이다."라고
잠꼬대 같은 소리를 게워낸 것은
비뚤어진 돌팔이학자의 허튼소리다.

그것을 책이랍시고
허튼소리를 머리글에 실어서
무궁화를 시나브로 갉아먹는 처사다.

영악하게 글을 쓴 놈이나
무능하게 통과시킨 놈이나
도토리 키 재기라는 것을 깨달았을 때
해충들은 점령군이 되어 있었다.

게 누구 있느냐?
역사 진딧물에 살충제를 뿌려라.
역사 서캐가 슬어서 머리가 어지럽다
박멸약 메타시스톡스를 살포하여라.

무궁화 진딧물 4

-졸장부들 졸졸

졸장부들 卒卒卒卒卒卒
역사를 위해 싸워야 할 때 싸우지 않고
기꺼이 죽어야 할 때 죽지 않고
희생해야 할 때 희생하지 않고
뒷구멍으로 호박씨 까는 졸장부들이
뒤늦게 역사를 소급해서 심판한다고
부산을 떨며 야단법석들이다.

누가 누구를 심판한단 말이냐?
심판할 자격이 누구에게 있는지
분명하지도 않은 안개 속에서
역사책을 찢어발기는 개들이 짖는다.

피 묻은 빨래 역사의 걸레쪽을
현실정치가 물고 뛰며 컹컹 짖는다.
뼈다귀까지 물고 뛰고 컹컹 컹컹
진딧물에 죽어가는 목숨을 컹컹 짖는다.

무궁화 진딧물 5

-좌편향 한국사

서울 고등법원에서는
'좌편향 한국사교과서,
지독한 진딧물에게
방제약 다이프록스를 뿌렸느니라.

주체사상과 자주노선
북한의 주장을
그대로 실은 부분에
맹독성 약으로 박멸을 시도하였느니라.

무궁화 진딧물 6

-촛불시위

강풍이 부는데, 태풍이 불어오는데
진딧물이 나라꽃을 갉아먹고 있었다.

롯데백화점 앞에서
촛불시위대의 무리가
롯데는 각성하라고 외치면서
롯데상표를 찢어발기고
사드 그림 담긴 현수막을 찢고 있었다.

롯데백화점 앞에서
권력과 재벌의 더러운 유착관계
하루속히 청산하라고
확성기가 귀를 까부수고 있었다.

이석기 석방하라, 통진당 탄압 말라!
이석기 석방하라, 통진당 탄압 말라!

이놈의 나라는 태어나지 말았어야
유엔군도 오지 말았어야 했다고
악을 바락바락 쓰는 인간들
진딧물이 무궁화를 파먹고 있었다.

무궁화 진딧물 7

-역사교과서 1

국화(國花)에 불그스름한 진딧물이 끼었다.
홍위병 같은 진딧물이 90% 이상 끼어있다.

삐딱하게 서식한 진딧물들이
무궁화 줄기를 야금야금 갉아먹고 있다.

대한민국은
태어나서 안 될 나라라고
정의가 실패한 나라라고
자랑스러운 조국을 저주하는 진딧물들이
역사책을 좀먹고, 파먹고 있었느니라.

이범선 오발탄의 송철호처럼
썩은 이빨을 뽑아야 한다고
무궁화 경우회가 확성기로 외치고 있다.

무궁화 진딧물 8

-역사교과서 2

목근(木槿)에
진딧물이 다닥다닥 붙어있더라.

역사교과서에 붉은 진딧물이
다닥다닥 붙어서
자유민주주의를 말려죽이더라.

이래 가지고 무궁화가 살겠느냐고
해도 너무 한다고
혀를 끌끌 차는 이들의 무능을
탓한들 뾰족한 수가 있겠느냐?

역사교과서는 빨간 진딧물
독식, 독선을 일삼는 해충들
홍위병의 본보기가 되었느니라.

무궁화 진딧물 9

-식민사학자들

무궁화에 붙어서 서식하는 친일 진딧물들
용의주도하게도 역사왜곡에 눈이 멀었느니라.

일본 야마토 정권이 한반도 남부
가야백제 영역에 식민지를 경영했다는 주장을
친일사학자가 일제의 주장 그대로
제자들에게 앵무새처럼 퍼트려
식민사학의 그물을 촘촘히 쳐놓아
역사학계를 야금야금 말아먹었느니라.

역사의 정규군이라는 주류 사학자들은
안일한 불의에 안주한 진딧물 밥버러지들이니라.

한사군과 임나일본부를 겉으로는
인정하지 않은 척하면서도
간사한 말장난으로 조종하는 마당에
외국 교과서까지 친일 진딧물이 퍼지도록 하였느니라.

고대 북한지역이 중국의 식민지요
한반도 남부는 일본의 식민지였다고
한심한 잠꼬대를 퍼뜨리는 친일 진딧물들
국고를 탕진하면서 넋 빠진 짓을 하였느니라.

오호, 통재로다!
대한민국의 역사학계는
친일 그물망을 벗어나지 못하고 있었느니라.

무궁화 진딧물 10

-불길한 까마귀

여의도 까마귀들이
가오 가오 가오 가옥
불길한 소리를 내지르더라.

서초동 까마귀들도
까오 까오 까오 까옥
솜방망이 처벌에 뺨 맞는 소리…

푸른 기와집 까마귀들은
도무지 무서운 게 없이
어미 입만 바라보며 살더라.

참새들이 쨱쨱쨱
허수아비 법을 무서워해도
까마귀는 무서움을 모르더라.

무궁화 진딧물 11

-물타기와 솜방망이

물탄 법으로
솜방망이 처벌을 하는 법관들
그 가족에서도 구린내가 나더라.

솜방망이는 허수아비,
군 최고 간부 가족을 상대로
소피스트가 쑤시고 다니더라.

연줄로 얽어놓은 비리의 온상들
고구마 줄기 줄줄이 엮여 들어가도
솜방망이 처벌로 풀려나더라.

무궁화 진딧물 12

-木槿通信 1

2015년 12월 4일(금요일) 동아일보 제29337호 A3면에 다음과 같은 머리기사가 실려 있었다.

내년 나라의 예산이 누더기로 전락한 것은 총선을 앞둔 정치인들이 국가의 미래를 위해 꼭 필요한 사업은 무 자르듯 과감히 삭감하면서 자신들의 지역구 예산은 부지런히 챙기기 때문이다. 주요 법안처리와 관련해 국회에 목줄이 잡힌 정부는 많은 '정치성 사업'들을 슬그머니 수용했다. 이 때문에 대북 정찰위성 사업 등 국방 관련 예산이 직격탄을 맞았고, 선심성 사업 예산이 대거 반영됐다.

생쥐들이 볏섬을 표나지 않게 썰더라.

올해 정부가 제출한 예산안 386조 7000억 원과
국회가 통과시킨 386조 4000억 원은
국민이 보기에 큰 차가 없어 보이지만
물밑에서 사업을 빼고 끼워 넣은
치열한 신경전이 벌어졌느니라.

대북 정찰위성 사업은 당초 국방부가
643억 원을 요구했지만
20억 원으로 대폭 줄였고,
사단급 정찰무기사업에
248억 원을 요구했으나
132억 원만 반영했느니라.

북한의 핵·미사일 공격을 사전에 탐지해
선제 타격하는 핵심 국방 향후 사업에
차질이 예상되어 걱정이 태산 같은데,
쥐새끼들은 나라 안보에 구멍을 내면서
자기네 지역마다 '센터' '타운' 우후죽순으로
선심성 예산을 빼내기에 급급하더라.

나라 예산은 정치적 나눠먹기에 누더기가 되고
후손들은 빚쟁이로 몰리게 하는 인간 말종들이
공짜라면 소도 잡아먹는 파렴치한들이
하늘 무서운 줄 모르고 호의호식하더라.

무궁화 진딧물 13

-木槿通信 2

신문 방송들의
언론 기총소사에
얼음 언 강에 구멍이 뚫렸느니라.

피란을 내려가던
이중섭의 소가 구멍에 빠지자
하이에나들이 달려들어 포식했느니라.

변질된 촛불들 횃불들
붉은 빛깔의 진딧물들이
깨춤을 추면서 축제로 미화시켰느니라.

그러나 아우성의 촛불 횃불은
회칠한 무덤이라고
목근통신이 전하고 있었느니라.

무궁화 진딧물 14

-惡口는 암 덩어리

대한민국의 붉으죽죽한 언론은
나라 망치는 허위정보 제조창

선동에 취약한 백성에 파고들어
허위 뉴스를 생산하고 재생산하는
문자 거짓선전매체 암 덩어리

세월호 7시간에 대통령이
누구와 관계를 어쩌고저쩌고
누구누구와 굿판을 벌였다더라.

성형수술을 했다더라
프로포폴을 맞고 잠을 잤다더라.
거짓말을 참말로 둔갑시켜서
태평양의 물고기 떼처럼
모래알 같은 악구 알을 분사시켰다.

독성이 강한 악구 알은
확대 재생산되고 유통되어서
쓰레기정보를 기사화하는
얼빠진 언론 매체들
기자+쓰레기 합성어인 기레기 떼들
저질기자 언론은 흑사병보다 무섭더라.

무궁화 진딧물 15

-13일 금요일

2015년 11월 13일 금요일
조선일보 29501호 사설에는
"일자리법안 1413일 가로막은
기막힌 한국 야당과 국회"라는 기사가
강낭콩 알 크기로 박혀 있었다.

서비스업을 지원하기 위하여 만든
서비스 산업 발전 기본법이
국회에서 외면당한 채 1413일이 흘렀다.

청년 일자리 늘리기 위해 만드는 법도
1130일째 방치한 채 거들떠보지도 않고 있다.
서비스산업 발전기본법이 통과되면
69만 개의 일자리가 생기고
관광진흥법 개정안은
1만 7000개의 일자리,

국제의료사업기본법과
의료법개정안은
9만 4000개의 일자리 창출효과가 있다는데
이 법안들을 야당이 가로막고
또 발목 잡고 놓아주지 않고 있다.

말도 안 되는 소리―
논리의 비약과 꼬투리 잡기로 일관하는 국회
수출 피해가 매일 40억 원이 넘을 것이라는데
국회는 여전히 발목만 잡고 있다.

발목 잡는 야당과 무능 무책임한 여당
제2세월호가 침몰한다고 발을 동동 구르는 정부
신문에 13일 금요일이 웅크리고 있었다.

무궁화 진딧물 16

-대리기사의 기도

사랑의 본체 되시는 하나님
지금은 엄동설한(嚴冬雪寒)입니다.

제가 운전을 하는 동안
겨울의 강추위는 참을 수 있어도
천대하는 반말은 참을 수 없습니다.

저는
호출이 많아서 수입이 느는 것보다는
제발 수입이 적어도 좋으니
반말이나 막말, 멸시와 천대를 일삼는
그런 손님을 비켜가게 하여 주옵소서.

오라고 불러놓고 돈을 주지 않는 손님
반말 찌꺼기로 억지를 부리면
갈등이 도랑물처럼 불어납니다.

주 하나님이시여
이 세상에 반말 막말이 사라지고
존댓말만 꽃이 피는
그런 세상이 오게 하소서.

무궁화 줄기를 갉아먹는
진딧물을 박멸하소서.
마음을 따뜻하게 덮여주는
건강한 무궁화로 크게 하소서.

무궁화 진딧물 17

-낙하산

무궁화 꽃나무를 말려 죽이는
낙하산 고문단 자문역 상담역 거동보소.
비상근 임원이 대거 양산되면서
시대의 배가 뒤뚱거리고 있었다.

사외이사 30명 중에
전문가는 한 사람
나머지는 맥주에 물을 탄 꼴이다.

이름뿐인 자문역과 고문에게
연봉 1억에 사무실 임차료 2억
과적으로 배가 기우는데도
진드기는 파먹기에 정신이 없다.

무궁화 진딧물 18

-고양이와 쥐

쓰레기통을 뒤져 먹고
배가 부른 고양이들이
쥐 잡을 생각을 하지 않는다.

머리에 먹물 든 쥐들이
고양이를 무시한 채 데모를 한다.

고양이는 허수아비
쥐 잡을 생각조차 하지 않는다.

쥐들의 날카로운 이빨에 물린
고양이의 발톱은 무용지물
허수아비에 불과하다.

고양이들은
엄포만 놓고 채증 사진 촬영뿐
징계 조치도 하지 않는다.

무궁화 진딧물 19

-나라꽃 나무에

무궁화 나라꽃 나무에
진딧물이 다닥다닥 붙어있다.

머리에서 발끝까지
청와대에서 국회, 전교조, 민노총까지
줄기와 가지와 이파리까지
다닥다닥 붙어서 빨아먹고 있다.

진딧물 떼가
나라꽃을 고사(枯死)시키고 있다.

메시아의 손

1
하얀 손이 오른다.
신(神)의 호명(呼名)을 따라
만고풍상(萬古風霜) 다 겪어온
겨레의 이마 위에
막(幕)이 서서히 오른다.

고난(苦難)으로 빨래한 머리
의식(意識)의 머리카락 뻗쳐 가는 곳마다
천진(天眞)한 빛살을 타고
세련된 지휘봉이 내려온다.

태초(太初)에 말씀이 있었느니라.
동해물 백두산이 마르고 닳도록
빛의 왕래가 시작되던
송화강(松花江),
백두산(白頭山) 아래
천례(天禮) 신시(神市)의 때로부터
음악은 눈을 트고 있었느니라.

동방 해 돋는 아침의 나라
고요한 반도에
최초로 내려오는 빛.

빛이 쏟아져 내려오는
충신의 산맥을 따라
메시아의 손이 오르다가
열녀의 강물을 따라
율동의 손 마주잡으며
만국의 빛살로 빛살로
얽혀 돌아 내려온
천하 제일의 명당 자리.

태고(太古)에 단제(檀帝) 신선(神仙)이 있어
천황봉은 솟아오르고
하늘땅이 상봉하는
좌청룡(左靑龍)
우백호(右白虎)
산세(山勢) 명당(明堂)을 이루니

오오, 아버지 계룡(鷄龍)
어머니 지리(智異)
할아버지 금강산 일만이천봉
오묘한 반도(半島)는
꿈꾸는 성지(聖地)
배달겨레는
하늘의 선민(選民)이었다.

흰 구름 뚫고 솟은
인류의 지붕으로부터
밝음을 찾아온 화음(和音)이

뿌리에서 가지로, 가지에서 꽃으로
손을 들어 피어오른다.

비둘기 나는
아침의 제단(祭壇).
지붕과 지붕의
용마루를 타고 내려와
이뤄놓은 신시(神市).

하늘 보고 해를 보며
장백산맥(長白山脈)을 타고
강남산맥(江南山脈)을 타고
적유산맥(狄踰山脈)을 타고
낭림산맥(狼林山脈)을 타고
묘향산맥(妙香山脈)을 타고
태백산맥(太白山脈)을 타고
차령산맥(車嶺山脈)을 타고
소백산맥(小白山脈)을 타고
노령산맥(蘆嶺山脈)을 타고
남해(南海) 건너
한라(漢拏)까지
신단(神壇)을 쌓아올리고
하늘을 우러렀다.

-------중간 생략--------

이유 없는 미움이 들끓는 마을과 산하에서 탕탕탕 울려오는 총소리에 뒤따르는 어린것의 목소리, 목소리는 깃발, 깃발은 폭풍이었고, 폭풍은 화염이었고, 화염은 어버이의 분노였고, 아들딸은 강물이었다. 아아, 여기, 화염이 불타는 조국의 산야에 눈물로 번지는 메아리, 메아리는 하늘땅을 진동하던 폭풍이었고, 불길이었고, 진군의 나팔이었다.

11
메시아의 손이 오른다.
하늘에 걸린 지휘봉이 내려온다.
태초처럼 서서히 내려온다.

인간의 본심을 흔들어 깨우는
지휘봉을 향하여
만물은 생명의 팔을 벌린다.

사랑은
기교가 아니라 생명이라고,
생명은
기교가 아니라 사랑이라고.
어지러운 감정의 뿌리를 씻어 내리고
양심을 부르며 음악을 따라간다.

모든 골짜기, 모든 골짜기
만물도 머릴 들고 일어나
영광 영광 할렐루야
환희의 팔을 들어 올린다.

나뭇가지에서 지저귀던 새
율동의 날개 휘감으며
창공의 물살을 헤집는다.

소프라노에서 떨어진 비비새들이
햇살 쏘아 내리는
대숲을 누비며
하나님 우리를 위해
오셨다.
우리를 위해
오셨다.
우리를 위해
하나님 우리를 위해
하나님 우리를 위해

오셨다.
　오셨다.
　　오셨다.
하나님 우리를 위해 오셨다.

* 이 장시 「메시아의 손」은 『황송문문학전집』(20건) 중
1권(시편) 335-118, 365-367쪽에서 발췌한 일부임.

축생도

초판 　　1쇄 인쇄일 | 2020년 1월 16일
초판 　　1쇄 발행일 | 2020년 1월 21일

지은이 　　　| 황송문
펴낸이 　　　| 황혜정
인쇄처 　　　| 삼광인쇄
펴낸곳 　　　| 문학사계
　　　　　　등록일 2005년 9월 20일 제318-2007-000001호
　　　　　　서울시 송파구 강동대로 61-4, 2층
　　　　　　el 02-6236-7052

배포처 　　　| 북센(031-955-6706)

ISBN 　　　| 978-89-93768-58-9
가격 　　　| 16,700원